“十三五”国家重点出版物出版规划项目
工业和信息产业科技与教育专著出版资金项目

国之重器出版工程
网络强国建设

工 业 互 联 网 丛 书

工业大数据分析指南

工业互联网产业联盟　大数据系统软件国家工程实验室　编著

電子工業出版社
Publishing House of Electronics Industry
北京 · BEIJING

内 容 简 介

如今，全球掀起了以制造业转型升级为首要任务的新一轮工业变革，工业领域通过与云计算、大数据、物联网、人工智能等技术结合引领新一轮科技革命，拉动工业经济的创新发展。工业大数据分析技术作为工业大数据的核心技术之一，可使工业大数据产品具备海量数据的挖掘能力、多源数据的集成能力、多类型知识的建模能力、多业务场景的分析能力、多领域知识的发掘能力等，对驱动企业业务创新和转型升级具有重大的作用。

本书围绕着“工业大数据分析”这一重要议题，对通用的工业大数据分析方法和分析流程进行归纳总结，对其关键共性进行辨识、抽象和提升，而非针对某一特定行业、企业或产品进行阐述。本书从工业大数据分析的概念、特殊性及常见的问题入手，提出了工业大数据分析框架，并详细阐述了业务理解、数据理解、数据准备、数据建模、模型的验证与评估、模型的部署这6个工业大数据分析的基本步骤，最后对工业大数据分析的未来进行了展望，为工业大数据分析相关技术研发、设计建模和应用落地提供了理论依据和标准化方法。

本书更加关注方法论而非某些具体的技术，因此具有更加广泛的通用性和相对普遍的指导意义，可供从事工业大数据分析等相关政策制定、技术研发、产业应用、产品推广的政府机关、科研机构、企业单位及个人参考借鉴。

图书在版编目（CIP）数据

工业大数据分析指南 / 工业互联网产业联盟等编著. 一北京：电子工业出版社，2019.10
（工业互联网丛书）
ISBN 978-7-121-37332-9

Ⅰ. ①工… Ⅱ. ①工… Ⅲ. ①制造工业－数据管理－指南 Ⅳ. ①F407.4-62

中国版本图书馆 CIP 数据核字（2019）第 189951 号

责任编辑：郭穗娟
印　　刷：固安县铭成印刷有限公司
装　　订：固安县铭成印刷有限公司
出　　版：电子工业出版社
　　　　　北京市海淀区万寿路 173 信箱　邮编　100036
开　　本：720×1000　1/16　印张：8　字数：126 千字
版　　次：2019 年 10 月第 1 版
印　　次：2019 年 10 月第 1 次印刷
定　　价：78.00 元

凡所购买电子工业出版社图书有缺损问题，请向购买书店调换。若书店售缺，请与本社发行部联系，联系及邮购电话：（010）88254888，88258888。

质量投诉请发邮件至 zlts@phei.com.cn，盗版侵权举报请发邮件至 dbqq@phei.com.cn。

本书咨询联系方式：（010）88254502，guosj@phei.com.cn。

"国之重器出版工程"
编辑委员会

专家委员会委员（按姓氏笔画排列）：

于　全　中国工程院院士

王少萍　“长江学者奖励计划”特聘教授

王建民　清华大学软件学院院长

王哲荣　中国工程院院士

王　越　中国科学院院士、中国工程院院士

尤肖虎　“长江学者奖励计划”特聘教授

邓宗全　中国工程院院士

甘晓华　中国工程院院士

叶培建　中国科学院院士

朵英贤　中国工程院院士

刘大响　中国工程院院士

刘怡昕　中国工程院院士

刘韵洁　中国工程院院士

苏彦庆　“长江学者奖励计划”特聘教授

孙逢春　中国工程院院士

邬贺铨　中国工程院院士

朱英富　中国工程院院士

屈贤明 国家制造强国建设战略咨询委员会委员、工业和信息化部智能制造专家咨询委员会副主任

项昌乐 “长江学者奖励计划”特聘教授，中国科协书记处书记，北京理工大学党委副书记、副校长

柳百成 中国工程院院士

闻雪友 中国工程院院士

徐德民 中国工程院院士

唐长红 中国工程院院士

黄卫东 “长江学者奖励计划”特聘教授

黄先祥 中国工程院院士

黄先祥 中国工程院院士

黄维中 国科学院院士、西北工业大学常务副校长

董景辰 工业和信息化部智能制造专家咨询委员会委员

焦宗夏 “长江学者奖励计划”特聘教授

“工业互联网丛书”
编辑委员会

“工业互联网丛书”
总序

2019 年正值互联网发明 50 周年，也是中国全功能接入互联网 25 年。中国互联网用户普及率接近 60%，以国内电商为代表的消费互联网业务全球领先，互联网已经深入到社会生活的方方面面，数字经济对经济增长的贡献日益显著。现在我国消费互联网在教育、医疗、养老、文化、旅游和海外电商等应用领域还有待拓展和深化，但更大的发展空间在工业互联网，工业互联网可看做互联网的“下半场”，既是互联网发展的新动能，也是拉动经济增长的新引擎。2019 年的《政府工作报告》提出，打造工业互联网平台，拓展“智能+”，为制造业转型升级赋能。工业互联网的提出不仅是与消费互联网新旧动能的接续，而且正好与中国从中高速发展向高质量发展的转型时间对应，是实现质量变革、效率变革和动力变革的关键。

“工业互联网丛书”站在新一代科技革命到来和国际竞争面临前所未有不确定性的时代格局下，透析了工业互联网提出的背景，解读了工业互联网体系的构成，以丰富的实践案例佐证了工业互联网的成功应用；对照国外工业互联网的发展战略与布局，分析了中国发展工业互联网的有利条件与不利因素，展望数字经济时代中国工业互联网发展的机遇与挑战，提出了深入促进工业互联网发展的建议。

互联网走过 50 年，而工业互联网现在才刚开始。互联网从面向人到面向企业，在技术要求、实施主体、产业生态、商业模式等方面都有很大差异。工业互联网在全球也处在发展过程中，对于工业现代化任务很重的中国来说，全面实现工业互联网的路还很长，但中国工业互联网的实践一定会对全球工业互联网的发展做出自己的贡献。

“工业互联网丛书”的写作团队对国内外工业互联网的情况有较全面的了解，深入企业获得第一手的案例与诉求，已编写出数十本有关工业互联网的白皮书和研究报告，在此基础上用简洁和通俗的语言介绍工业互联网。在中国工业互联网起步阶段“工业互联网丛书”的推出正当其时，但对工业互联网的理解和应用肯定随时间而深化，有待更多的实践来补充和完善。

中国工程院院士　邬贺铨

2019 年 8 月 12 日

序　　言

如今，全球掀起了以制造业转型升级为首要任务的新一轮工业变革，工业大数据作为引领这场变革的主要驱动力，已经成为当今工业领域的热点之一。

新一代信息技术与制造业的深度融合，将促进工业领域的服务转型和产品升级，重塑全球制造业的产业格局。为紧紧抓住这一重大历史机遇，抢占制造业新一轮竞争制高点，党中央高度重视并做出长期性、战略性部署。党的十九大报告指出，要“加快建设制造强国，加快发展先进制造业，推动互联网、大数据、人工智能和实体经济深度融合”。

工业大数据是智能制造的核心，以“大数据+工业互联网”为基础，用云计算、大数据、物联网、人工智能等技术引领工业生产方式的变革，拉动工业经济的创新发展。工业大数据分析技术作为工业大数据的核心技术之一，可使工业大数据产品具备海量数据的挖掘能力、多源数据的集成能力、多类型知识的建模能力、多业务场景的分析能力、多领域知识的发掘能力等，对驱动企业业务创新和转型升级具有重大的作用。可以从以下 3 个方面来理解。

首先，资源优化是分析的目标。企业之间竞争的本质是资源配置效率的竞争，优化资源配置效率是企业技术创新应用的主要动力，也是工业大数据分析的核心目标。工业大数据分析是实现新一代信息技术与制造业融合的重要技术支撑，其目的是不断优化资源的配置效率，实现生产全过程的可视化、高端定制化生产、产品生产节能增效、供应链配置优化、企业智能化管理等，达到提升质量、降低成本、灵活生产、提高满意度等目的，促进制造业全要素生产率的提高。

其次，数据建模是分析的关键。来自产品生命周期各个环节中的海量数据，为工业大数据分析提供了前提和基础，而海量的工业数据如果不经过清洗、加工和建模等处理是无法直接应用于实际的业务场景的。工业大数据分析通过模型来描述对象，构建复杂工业过程与知识之间的映射，实现知识清晰化、准确化的表达。

最后，知识转化是分析的核心。确定性和稳定性是工业应用的两个基本特点，这就决定了工业大数据分析技术就是感知信息和提炼知识，其核心在于如何把海量数据转化为信息，把信息转化为知识，把知识转化为决策，以解决制造过程的复杂性和不确定性等问题。

本书是在新形势下对工业大数据分析的关键共性问题进行辨识、抽象和提升，适应当前工业大数据的应用需求和技术变革，具有较为广泛的通用性和相对普遍的指导意义，适于工业领域的企业、机构研究和参考。希望通过与业界的分享，共同推动工业大数据的开发利用和应用推广，为制造强国和网络强国建设添薪助力！

谢少锋

2019 年 5 月

编写说明

工业大数据是工业领域相关数据集的总称，是工业互联网的核心，是智能制造的关键。工业大数据分析技术作为工业大数据的核心技术之一，是工业智能化发展的重要基础和关键支撑。为此，在工业互联网产业联盟的指导下，大数据特设组主持编写了这本《工业大数据分析指南》。

本书旨在对通用的工业大数据分析方法和分析流程进行归纳和总结，对其关键共性进行辨识、抽象和提升，而非针对某一特定行业、企业或产品进行阐述。本书更加关注方法论而非某些具体的技术，因此，具有更加广泛的通用性和相对普遍的指导意义。

本书共 9 章，第 1 章论述了工业大数据分析的概念、特殊性及常见的问题。第 2 章提出了工业大数据分析框架，简要介绍了 CRISP-DM 模型，并针对该模型落地的难点及其使用的指导思想展开讨论。第 3～8 章依次对业务理解、数据理解、数据准备、数据建模、模型的验证与评估、模型的部署这 6 个 CRISP-DM 模型的基本步骤进行了详细的阐述，从需求分析到目标评估，从数据来源到数据分类，从数据预处理到建模过程，从模型验证到部署问题处理，对每个步骤中的原理方法、分析过程、处理方式、问题排除等都进行了讲解和说明。第 9 章对工业大数据分析的未来进行了展望。

本书由工业互联网产业联盟大数据特设组组长单位清华大学（大数据系统软件国家工程实验室）牵头编写，在编写过程中得到了工信部领导的悉心指导和相关单位的有力支持。特别感谢清华大学孙家广院士、工信部信软司谢少锋司长、中国信息通信研究院余晓晖副院长等给予的全面指导。同时，北京工业大数据创新中心的李三华、田春华，清华大学的任艮全、徐哲、强逍等在本书的编写过程中也给予了无私的帮助，在此表示诚挚的谢意！

工业大数据作为新兴概念，其数据分析的原则、手段、方法和流程还很模糊，对海量数据的挖掘、分析和处理等技术仍在不断地发展和进步，由于作者自身的能力和水平有限，本书不可避免地存在诸多的缺点和不足，期待各位读者能够积极发现问题，并予以批评指正。

工业互联网产业联盟　大数据系统软件国家工程实验室

2019 年 5 月

目录 / Contents

第 1 章

工业大数据分析概论

1.1 工业大数据分析概述

1.1.1 工业大数据分析的概念

工业大数据即工业数据的总和。工业大数据分析是利用统计学分析技术、机器学习技术、信号处理技术等技术手段，结合业务知识对工业过程中产生的数据进行处理、计算、分析并提取其中有价值的信息、规律的过程。大数据分析工作应本着需求牵引、技术驱动的原则开展。在实际操作过程中，要以明确用户需求为前提、以数据现状为基础、以业务价值为标尺、以分析技术为手段，针对特定的业务问题，制订个性化的数据分析解决方案。

工业大数据分析的直接目的是获得业务活动所需的各种知识，架起大数据技术与大数据应用之间的桥梁，支撑企业生产、经营、研发、服务等各项活动的精细化，促进企业转型升级。

工业大数据的分析要求用数理逻辑严格地定义业务问题。由于工业生产过程本身受到各种机理约束条件的限制，利用历史过程数据定义问题边界往往达不到工业的生产要求，需要采用数据驱动+模型驱动的双轮驱动方式，实现数据和机理的深度融合，能在较大程度上解决实际的工业问题。工业数据分析多领域交叉示意如图 1-1 所示。

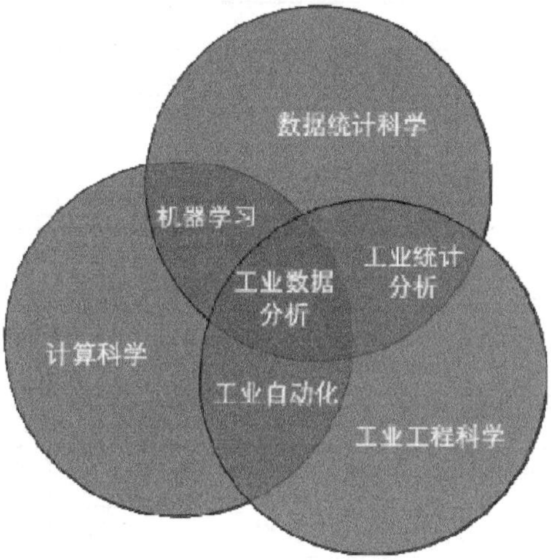

图 1-1　工业数据分析多领域交叉示意

1.1.2　工业大数据分析的相关技术

近年来，大数据的兴起有两个原因：一是传统业务的发展遭遇数据存储量大、采集速度频率快、结构复杂等瓶颈问题，需要采用新的技术解决，即“大数据平台技术”，如时序数据采集技术、海量数据存储技术等；二是随着数据存储量的增大和处理能力的增强，催生了新的应用和业务，即“大数据应用技术”，如智能制造、现代农业、智能交通等。

图 1-2 是工业大数据系统参考框架，从下至上分别是工业大数据平台技术和工业大数据的应用技术。

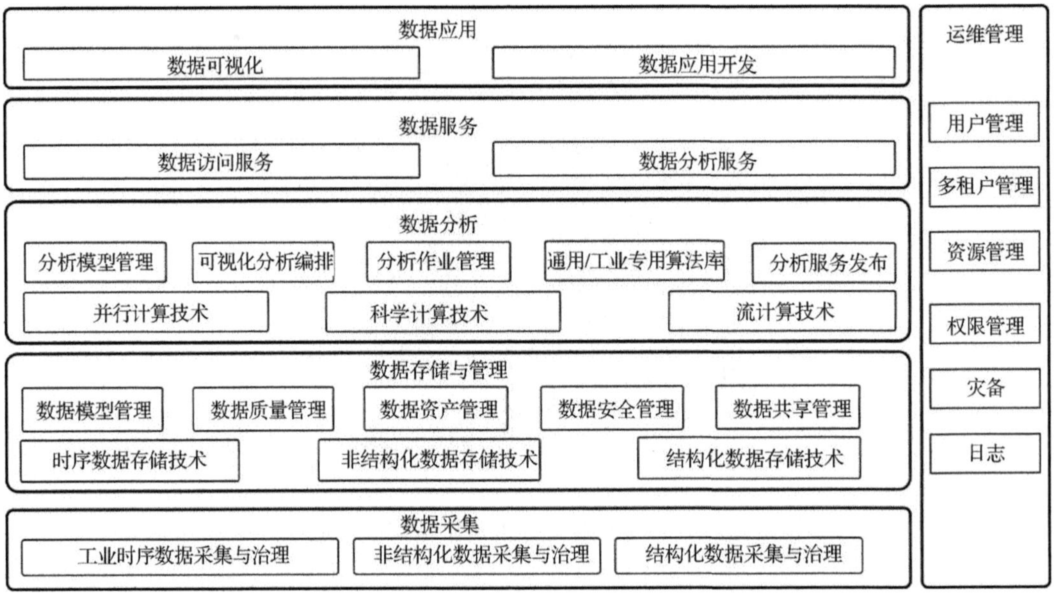

图 1-2　工业大数据系统参考框架

总体上看，“大数据平台技术”主要偏重 IT 技术，“大数据应用技术”关注的重点主要是业务和领域知识。大数据分析技术则深度融合这两类技术知识，并结合机器学习技术、产品分析技术等数据分析技术，解决实际业务问题。

1.1.3　工业大数据分析的基本过程

工业大数据分析的基本任务和直接目标是发现与完善知识，企业开展数据分析的根本目标是为了创造价值。这是两个不同层次的问题，需要一个转化过程进行关联。为了提高分析工作的效率，需事先制订工作计划，如图 1-3 所示的工业大数据分析任务的工作方案与探索路径。

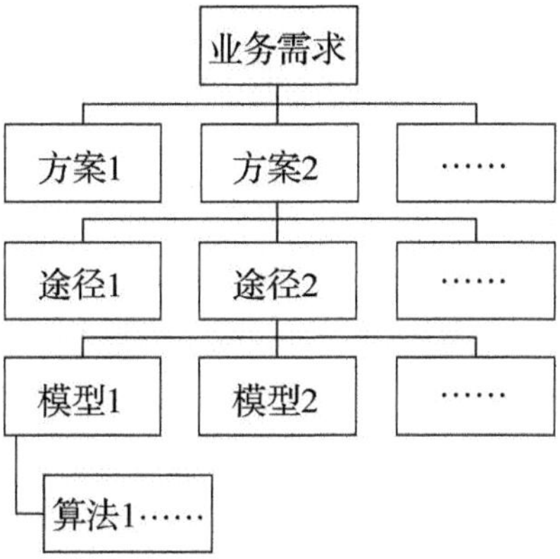

图 1-3　工业大数据分析任务的工作方案与探索路径

数据分析缘于用户的业务需求，相同的业务需求会有多个可行方案，每个方案又有若干可能的实现途径。例如，面对减少产品缺陷的业务需求，可以分成设备故障诊断和工艺优化等方案。而设备诊断又可进一步根据设备和机理的不同，分成更明确的途径，如针对特定设备故障的诊断。遇到复杂问题，这些途径可能会被再次细分，直至明确为若干模型。首先了解输入/输出关系，如特定参数与设备状态之间的关系，这些关联关系即知识的雏形；然后，需要寻找适当的算法，提取和固化这些知识。

知识发现是个探索的过程，并不能保证每次探索都能成功，上述计划本质上只是罗列了可能的方案。只要找到解决问题的办法，就不必对每种方案或途径都进行探索。在不同的途径中，工作量和成功的概率、价值成本都是不一样的，一般尽量挑选成功概率大、工作量相对小、价值大、成本低的路径作为切入点，尽量减少探索成本。在项目推进或者探索的过程中，还会根据实际的进程，对预订的计划及顺序进行调整。

计划的制订和执行过程，本质上体现了领域知识和数据分析知识的融合。其中，方案和途径的选择，要兼顾业务需求和数据条件。这是本书第 3～5 章要讨论的问题，而算法、模型、验证等相关问题，则放在第 6 章和第 7 章讨论。

1.1.4 工业大数据分析的类型

根据业务目标的不同，数据分析可以分成 4 种类型。

1. 描述型分析

描述型分析用来回答“发生了什么”、体现的“是什么”知识。例如，工业企业总的周报、月报、商务智能（BI）分析等，就是典型的描述型分析。描述型分析一般通过计算数据的各种统计特征，把各种数据以便于人们理解的可视化方式表达出来。

2. 诊断型分析

诊断型分析用来回答“为什么会发生这样的事情”。针对生产、销售、管理、设备运行等过程中出现的问题和异常情况，找出导致问题的原因所在，诊断分析的关键是剔除非本质的随机关联和各种假象。

3. 预测型分析

预测型分析用来回答“将要发生什么”。针对生产、经营中的各种问题，根据现在可见的因素，预测未来可能发生的结果。

4. 处方型（指导型）分析

处方型分析用来回答“怎么办”的问题。针对已经和将要发生的问题，制订适当的行动方案，有效地解决存在的问题或把工作做得更好。

业务目标不同，所需要的条件、对数据分析的要求和难度也不同。大体上说，以上 4 种问题的难度是递增的：描述型分析的目标只是便于人们理解；诊断型分析有明确的目标和对错；预测型分析不仅有明确的目标和对错，还要区分因果关系；而处方型分析往往要进一步与实施手段和流程的创新相结合。

同一个业务目标可以有不同的实现路径，还可以转化成不同的数学问题。例如，处方型分析可以用回归、聚类等多种方法来实现。每种方法所采用的变量也可以不同，故而得到的知识也不一样，这就要求对实际的业务问题有深刻的理解，并采用合适的数理逻辑关系描述。

1.1.5 工业大数据分析的价值

工业大数据分析的根本目标是创造价值。工业对象的规模和尺度不同，价值点也有所不同，数据分析工作者往往要学会帮助用户寻找价值。价值寻找遵循这样一个原则：一个体系的价值取决于包含这个体系的更大体系。因此，确定工作的价值时，应该从更大的尺度上看问题。对象不同，隐藏价值的地方往往也不尽相同。下面是常见的价值点。

1. 设备尺度的价值点

船舶、飞机、汽车、风车、发动机、轧机等都是设备。首先面对的是如何使用设备，包括如何使用才能有更好的性能或更低的消耗、如何使用才可能避免造成损失。其次是如何保证设备正常使用，也就是如何更好、更快、更高效地解决设备维修、维护、故障预防等问题。除此之外，从设备类的生命周期看问题，分析如何对下一代设备进行设计优化，使之更方便使用等问题。

2. 车间尺度的价值点

按照精益生产的观点，车间里面常见的问题可以划分为 7 种浪费：等待时的浪费、搬运时的浪费、不良品的浪费、动作的浪费、加工时的浪费、库存品的浪费、制造过多（早）的浪费。数据分析的潜在价值也可以归结到这 7 种浪费。一般来说，这 7 种浪费的可能性是人发现的，处理问题的思路是人类专家给出的。人们可以用数据来确定它们是否存在、浪费多少，并进一步确定最有效的改进方法。

3. 企业尺度的价值点

除了生产过程，工业企业的业务还包括研发设计（创新）、采购销售、生产组织、售后服务等多方面的工作。相关工作的价值多与跨越时空的协同、共享、优化有关。例如，把设计、生产、服务的信息集成起来；加强上下级之间的协同、减少管理上的“黑洞”；把历史数据记录下来，对工业和产品设计进行优化；把企业/车间计划和设备控制、反馈结合起来，等等。随着企业进入智能制造时代，这类价值将会越来越多。然而，问题越复杂，在落实阶段遇到的困难就越大，应在价值大小和价值落地之间取得平衡。

4. 跨越企业的价值点

跨越企业的价值点包括供应链、企业生态、区域经济、社会尺度的价值。这些价值往往涉及企业之间的分工、协作，以及企业业务跨界重新定义等问题，是面向工业互联网的新增长点。

1.1.6 工业大数据分析支撑业务创新

一般来说，工业大数据分析服务于现有业务，但越来越多的企业开始把这一工作作为业务创新、转型升级的手段。两类工作的性质不同，前者的重点在于如何进行数据分析，后者的重点是如何应用数据分析技术。

支撑企业的转型升级、业务创新是工业大数据最重要的用途之一，但是从转型升级的尺度来看，工业大数据分析只是一种技术支撑手段。在利用该技术手段之前，需要梳理清楚数据分析技术和目标之间的关系。首先要关注的是业务需求什么，而不是能从数据中得到什么。反之，思维就有很大的局限性，甚至南辕北辙。

用大数据推动业务创新时，需要确认几个问题：想做什么（业务目标）、为什么这么做（价值存在性）、打算怎么做（技术线路、业务路径）、需要知道什么（信息和知识，数据分析的目标）、怎么才能知道（数据分析过程）。由此可知，推动企业的业务创新和优化（做什么、怎么做）是个大目标，而具体的数据分析则只是一个子目标（怎样才能知道）。衡量两类目标的尺度是不一样的。对于具体的问题，数据分析不仅要关注如何实现小目标，还要结合业务需求，将大目标分解成子目标，也就是确定“需要知道什么”。从数据分析的过程来说，子目标的实现是战术问题，子目标的设定则是战略问题。它们都是数据分析团队需要面对的难点。

如前所述，数据分析是个探索的过程。而数据分析的子目标（想知道什么）能否实现取决于数据的条件。数据条件不满足时，有些子目标是无法满足的。而数据条件是否满足，往往需要在探索的过程中才能确定下来。同时，如果子目标无法实现，那么人们可能需要围绕业务需求，重新设置数据分析的子目标，甚至业务子目标。但这样做会降低数据分析的效率。

总之，进行工业大数据分析，必须从业务角度看问题，才能找准工作大目标。以上的描述可以用图 1-4 表示。

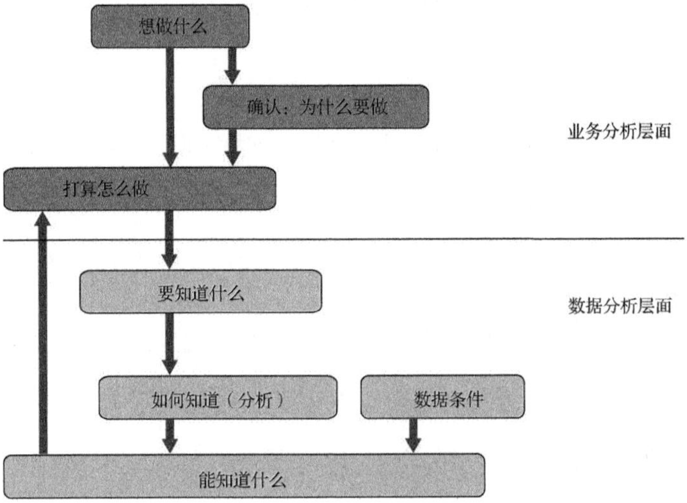

图 1-4　工业大数据价值创造的基本过程

1.2 工业大数据分析的特殊性

进入大数据时代，数据本身的变化不定是其最基本的特点，这会引发工作方法和价值体现方式的改变。对于数据的变化，非工业领域往往强调数量变化，但在工业领域，数据变化的重点更是数据完整性和质量的提升。随着数据完整性和质量的提高，人们能从不同的侧面观察对象和过程，得到更加可靠、更加精确、应用范围更大、涉及领域更多的分析结果，从而为工业大数据的应用奠定基础。因此，工业大数据分析方法的重点是如何利用数据条件的改善，得到质量高的分析结果。这使得工业大数据分析方法不同于传统的数据分析，也不同于商务大数据分析。此外，工业场景的边界都由专业领域的机理进行约束，因此，工业大数据的分析注重数据模型和机理模型的融合，它的重要特征是数据与机理的深度融合。

1.2.1 从工业数据分析到工业大数据分析

工业数据的分析或知识挖掘是学术界和工业界研究了多年的问题，诸多算法的基本思路都类似。进入大数据时代以来，由于数据和处理量的暴增，人们不得不采取各种并行算法和分布式处理技术，以提高数据处理的效率。换句话说，工业数据分析是“本”，工业大数据分析技术是“术”。由于本书重在“工业”特色，上述通用技术不是本书的重点。

与此同时，数据量更大、来源更广泛、记录更完整、种类更多样，这些给数据分析工作带来了新的机遇。无论复杂的算法（如深度学习）还是简单的算法（如线性回归），都有可能带来过去无法企及的效果。人们甚至更乐于采用一些简单的算法。但在大数据的条件下，这些简单算法的有效性大大提高了，能帮助人们得到可靠性更高、适用范围更大的模型。引发这些变化的原因如下。

（1）便于模仿（场景下的模仿）：大数据常常是全体样本，而不是抽样。在这个前提下，就可以根据历史上成功或者失败的案例，模仿成功的做法、避免失败的做法，而不必通过理解规律来指导行动。这使得近邻算法等简单算法可以起到很好的效果。

（2）便于检验：当已知样本不能涵盖各种复杂的情况和场景时，数据模型很难有较强的泛化性。在大数据的背景下，这种现象可能会有本质性的好转，从而得到泛化性高的模型。

（3）视角全面：数据来源广泛时，有条件从不同的角度观察对象、分析验证，也有更好的条件辨别和剔除虚假的现象。这些都有利于建立可靠性极高的模型，甚至可能挖掘出新的科学规律。

如此，就将工业大数据分析的应用带入一个巨大的“蓝海”（指未知的市场空间），人们有条件让数据分析工作更加规范，明显区别于传统的数据挖掘或知识发现。但是，相关的条件不是天然具备的，需要在数据的完整性、规范性、质量等方面做更多的基础工作。

我们在实践中遇到的工业大数据分析的瓶颈或难点，往往不是计算机存储和处理数据的能力，而是数据关联关系的复杂性。这种复杂性使得传统的数据分析方法难以奏效，无法高效提炼出质量更高、价值更大的知识。如果没有合适的方法，面对工业大数据价值应用的“蓝海”时，就会束手无策，坐失良机。

要解决这类问题，不能仅仅停留在算法层面，而必须借鉴工程思想和方法，这是其挑战之所在。

1.2.2 工业大数据与商务大数据分析

工业大数据分析工作的特点和理念，往往不同于商务大数据分析，根本原因是工业过程对分析结果的精度、可靠性要求高，而工业对象和过程本身的复杂性也高。同时，工业界追求可靠性，对相关问题往往已经有了相对深入的研究。数据分析所得到的知识必须超越人们已有的知识，才能创造价值。这也提高了数据分析价值创造的门槛。换言之，工业大数据的分析，往往要在更差的条件下得到更好的结果。

工业大数据分析困难程度的增加，会引发分析方法的质变。对于复杂的工业过程数据分析，人们往往要强调因果性，而不能仅仅止步于相关关系；强调领域知识和数据分析过程的深度融合，而不是漠视已有的领域知识；强调复杂问题简单化，而不是追求算法的复杂和高深。这些思想变化的本质都是因问题复杂度的增加引起的。

工业对象复杂度的增加，也会导致分析工作失败的可能性显著增加。要提高数据分析的工作效率，关键之一就是设法降低分析过程失败的概率。因此，数据分析的前期准备工作和后期的评估与验证工作就显得特别重要。

1.2.3 工业大数据建模的难点

工业大数据建模的难点在于，虽然数据分析基础算法变化不大，但运用这些算法的过程大大复杂了。这是因为工业大数据分析的过程并非是选择好一个算法就可以一蹴而就的，而是一个持续改进、修正、完善的过程。理解工业大数据分析的特点，就是要理解这个持续进行的过程。

与商务或互联网大数据分析相比，工业大数据分析的难点就在于工业本身的复杂性。因此，不能仅把工业大数据分析看做基础算法。导致这种差异性的原因主要有 3 点：首先，工业产品大多是在人类已有知识的基础上制造出来的，人们对工业过程的认识原本就相对深刻，分析过程不能止步于肤浅的认识，只有这些知识具有更高精度和可靠性的时候才有实用价值。其次，人们对工业大数据分析结果的可靠性要求很高，不能满足于似是而非的结论。最后，工业过程数据的复杂性很高，数据质量也不理想，建模的难度也很大。因此，工业大数据分析面临的主要矛盾是业务需求高、数据条件差。

基于历史数据的大数据分析也有极大的局限性。导致局限性的原因有两个方面：首先是人类所接触的大量信息和知识并未出现在数字空间；其次是在数据足够多、分布完整、质量良好的前提下可以建立理想的数据模型，但当模型涉及的因素很多、形成真正的复杂多维度问题（如变量数目大于 40）且机理不清晰时，就没有足够的数据以建立和验证模型（因为数据需求量有可能是维度的指数函数）。克服局限性的主要手段就是充分利用专业领域知识，专业领域知识的本质作用可以看做“降维”，故而可以用有限的数据，分析得到足够可靠的结果。

1.3 工业大数据分析中的常见问题

1.3.1 业务和数据理解不当导致的失误

1）设定不具备价值的目标

数据分析的目的是获得新知识或者对知识进行更加深刻、准确的认识，而不是去证明领域内常识的正确性或研究已有的知识。当数据分析师缺乏领域常识时，就不容易分辨哪些知识才是值得研究的，因而浪费了大量时间。例如，有人要分析化学元素对材料性能的影响，终于发现某个元素对性能有显著影响，而该知识已是领域内的常识，这就造成了较高的探索成本。

2）业务上难以实施的目标

获得知识的目的是为了应用，预测和控制是典型的应用，但是并非所有的数据都能用来预测和控制。例如，用于预测的数据应该在事件发生之前产生，用于控制的变量要考虑经济可行性。

3）分析难度过大的目标

数据分析是为业务需求服务的，要注意避免研究那些投入高、产出低的问题。有些分析结果虽然很好，但是花费了大量的时间和精力，大大超出预期，从投入产出比看，未必合适。与此同时，也有些分析结果非常好、非常有用，甚至出乎人们的预料，而花费的时间也非常少。这些现象表明，我们对分析结果的投入产出比事先缺乏认识。

1.3.2 建模和验证过程的失误

1）不能及时终止子目标

在很多情况下，数据条件往往不能支撑预期的目标，常常导致分析项目高投入、低产出的问题。导致这种情况的原因，未必是数据分析算法的问题，而是数据本身的问题。数据质量很低时，难以得到高质量的分析结果。为避免出现这种情况，应事先对数据的质量和条件进行评估。

2）目标衡量的失误

数据分析师往往把“平均精度”作为衡量分析结果的唯一标准。对于可靠性要求很高的工业问题，此种做法有较大的漏洞和潜在风险。有些精度很高的模型，在实际中应用时，根本无法达到预定的效果，甚至得到与期望完全相反的结果，给企业造成很大的损失。导致这种现象的主要原因，是没有区分相关性和因果性，或者没有仔细研究这些分析结果适用的范围，如独立同分布特性。由于工业数据反映的是“系统性”，故这种问题是常见的。工业界对结论的可靠性要求很高，对分析结果的评估是值得仔细研究的问题，而多数团队对这个问题的重要性认识不足。

1.3.3 避免失误的方法

若要避免数据分析工作的陷阱，就须事先了解可能遇到的问题和困难，提高数据分析的价值创造能力，以避免在工作过程中遇到不必要的麻烦。

数据分析所遇到的问题，往往缘于数据分析师对业务过程、目标等认识不清。这些问题往往都是前期的准备工作做得不够而匆匆进入后面的工作所导致的，即工业领域的数据分析不能仅仅把数据分析工作看成利用单纯的数据分析技巧的过程，而是看成数据分析和领域知识融合的过程。“胜兵先胜而后求战，败兵先战而后求胜。”这个道理同样适合数据分析，在进行深入的数据分析之前，必须对业务需求、专业领域背景知识、数据的基本情况作尽可能深入的理解，明确问题的实质，要避免在“最后一公里”上“功亏一篑”。

要正确评估问题的难度。用尽量少的时间代价换取高的成功率和更多的价值。同时，要学会选择合适的方法解决合适的问题，还要对分析结果的可靠性进行科学的评估，避免技术在应用中出现负面作用。

第 2 章

工业大数据分析框架

2.1 CRISP-DM 模型

CRISP-DM 模型是欧盟起草的跨行业数据挖掘标准流程（Cross-Industry Standard Process for Data Mining）。这个标准以数据为中心，将相关工作分成业务理解、数据理解、数据准备、建模、验证与评估、实施与运行 6 个基本步骤，如图 2-1 所示。在该模型中，相关步骤不是顺次完成的，而是存在多次循环和反复。在业务理解和数据理解之间、数据准备和建模之间，都存在反复的过程。这意味着，这两对过程是在交替深入的过程中进行的，更大的一次反复出现在模型验证与评估之后。

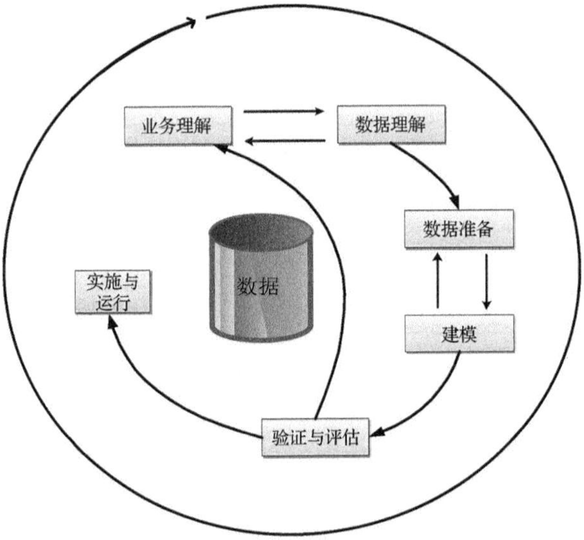

图 2-1　CRISP-DM 模型

对多数数据分析工作来说，人们并不希望出现上述步骤反复交替的过程，因为反复交替意味着工作的重复和低效。而这种现象出现在公认的标准中，是因为分析过程存在极大的不确定性，这样的反复往往是不可避免的。

长期以来，很多人用 CRISP-DM 模型指导工业大数据分析过程。在很多场景下，这个模型的原理是可行的、行之有效的。但是，当我们把它用于工业过程数据分析时，发现问题的复杂性会急剧上升，各个步骤中反复的次数大大增加，验证评估不合格导致从头再来的情况非常普遍。这些现象导致工业大数据分析工作的效率显著下降。

2.2 CRISP-DM 模型落地的难点

CRISP-DM 模型在工业领域的应用遇到一些问题，造成了该模型落地困难，主要的难点表现在以下 3 个方面。

1）工业数据关联关系复杂

无论是生产产品的工厂还是作为工业产品的设备，本质上都是多个要素互相作用所组成的系统，而它们的运行环境也可以看成更大的系统。因此，我们可以用系统的观点，统一地看待工业大数据所针对的工业对象。

研究一个工业系统时，要把注意力集中于研究多个要素是如何互相影响、互相作用的；否则，只会得到片面甚至错误的结论。正如列宁所言："如果不是从整体上、不是从联系中掌握事实；如果事实是零碎和随意挑出来的，那它们就只能是一种儿戏，或者连儿戏也不如。"

2）工业数据质量差

从某种意义上说，工业大数据是工业系统在数字空间的映像。要想通过数据认识工业对象或过程，数据本身应该体现对象的系统性。然而，受到现实条件的约束，数据往往是工业对象不完整的体现。而且很多数据来源于某些特定的工作点上，参数波动中包含大量检测误差、数据的信噪比低。这就给数据分析过程带来了极大的不确定性，并容易对分析过程产生误导。

3）工业场景的分析要求高

工业界对不确定性的容忍度很低，这就要求数据分析结果尽可能地准确可靠。分析要求高而数据条件差且对象复杂性高是分析过程中必须面对的矛盾。在数据分析的过程中，这一矛盾表现为各种假象和干扰、分析结果总是难以满足用户的使用需求等。要解决这些矛盾，必须将工业过程领域专业知识、业务机理与数据分析过程有机地融合起来，贯穿于数据分析的每个阶段，这也使得工业大数据对业务理解的深度有较高的要求。

2.3 工业大数据分析的指导思想

CRISP-DM 模型基本适合工业大数据分析，但必须补充新的内涵才能使方法有效，使工业大数据分析成为有效的经济活动。如前所述，工业大数据分析过程的效率低下，很可能是大量无效的步骤循环往复导致的。因此，工业大数据分析方法的关键，是如何减少不必要的步骤反复、提高数据分析的效率。

在工业大数据分析过程中用好 CRISP-DM 模型，关键是减少前后步骤之间的反复、避免单向箭头变成双向，尤其要尽量减少模型验证失败后重新进入业务理解这样大的反复步骤。

减少无效反复的重要办法是采用工程上常见的“以终为始”的思维方式。在进行深入研究之前，要进行一个相对全面的调研，从如何应用、如何部署开始，反推需要进行的研究。

“反复”是由探索过程的特点以及知识和信息不足导致的。数据分析是一个探索知识的过程，不可能彻底消除这种现象。因此，我们需要减少不必要的探索。其中，“不必要的探索”一般是由于数据分析人员没有充分掌握已有的领域知识和相关信息导致的。要减少不必要的探索，关键是能把数据分析知识、领域知识及相关信息有机结合。

实际分析工作中又不能假设或者要求数据分析人员事先对这些知识和信息进行充分的理解。因此，要解决这个问题，关键是设法让分析师在分析的过程中，更加主动、有针对性地补充相关知识，即所谓“人在环上”。

最后，要努力提高数据分析的自动化程度，充分利用计算机的计算和存储能力、减少人为介入。由于人为介入能够使分析效率大大降低，减少人为介入，也就能大大提高工作的效率。

CRISP-DM 模型在工业大数据的中的应用推进，主要包括以下几个阶段。

1）业务理解阶段

该阶段的目标是明确业务需求和数据分析的目标，将模糊的用户需求转化成明确的数据分析问题，必须具体到计划采取什么手段、解决什么问题，要将每个数据分析问题，细化成明确的数学问题。同时，基于业务理解制订数据分析项目的评估方案。

2）数据理解阶段

该阶段的目标是建立数据和业务的关联关系，从数据的角度深度解读业务，包括发现数据的内部属性，或是探索出令人感兴趣的数据子集并形成对隐藏信息的假设；识别数据的质量问题；对数据进行可视化探索等。

3）数据准备阶段

该阶段的目标是为数据的建模分析提供干净、有效的输入数据源。首先，基于业务目标筛选有效数据，筛选的数据能够表征业务问题的关键影响因素。其次，对数据的质量进行检查和处理，处理数据的缺失情况、异常情况等。最后，对数据进行归约、集成变换等，输出用于建模的数据源。

4）数据建模阶段

该阶段是基于业务和数据的理解，选择合适的算法和建模工具，对数据中的规律进行固化、提取，然后输出数据分析模型。首先，基于业务经验和数据建模经验，对业务问题进行逻辑化描述，探索解决问题的算法，反复迭代直到选择一个最优算法方案。其次，基于输入数据加工关键因子的特征变量，作为建模输入变量，建立有效可靠的数据模型。

5）模型的验证和评估阶段

首先，从业务的角度评估模型的精度问题，检验模型是否能够满足现有业务的要求。其次，分析模型中影响因子的完备性，为模型的下一步迭代指明优化路径。最后，考察模型的假设条件，是否满足实际落地的条件，为模型的部署进行可行性验证。

6）模型的部署阶段

在该阶段，首先，要基于分析目标，制订模型的使用方案和部署方案，并提前为模型的部署做好环境的准备工作。其次，为模型部署过程中出现的质量问题、运行问题、精度问题等，提前制订好预备方案。最后，基于模型试运行后的结果，制订模型的持续优化方案。

第 3 章

业务理解

业务理解和数据理解的目的，是在工作的前期认识业务相关对象、目标要求及条件约束。在此基础上，选择合适的数据分析问题，以免工作过程中出现方向性错误，进而减少无效和低效的劳动。

数据分析师理解业务时的困难之一是对“度”的把握。一方面，只有深入理解业务，才能实现领域知识与数据分析的有机融合，从而得到高水平的分析结果。另一方面，真正成为一个领域专家需要多年的知识积累，短期内想完整地掌握业务知识是不现实的。因此，在后续的建模、评估、实施过程中，需要通过与专业人士的交流和合作，补充必要的知识。

3.1 认识工业对象

数据分析需要一定的“背景知识”，也就是对业务相关对象的理解。业务理解中出现的问题或失误往往可以归结为“片面性”。为了防止片面性，就要用系统的观点认识工业对象。

3.1.1 工业系统的抽象化

特定的生产设备、生产环节可以看成小的工厂，而车间、工厂也可以看成大的设备——它们都可以抽象成“系统”，差别只是系统的大小和复杂程度不同。其中，大系统往往可以分解成若干相互作用的子系统。

与系统相关的要素常被抽象为三类：外部向系统的输入、系统向外部的输出、系统内部状态。其中，系统的输入/输出包括控制指令、物质和能量，即所谓控制流、物质流和能量流；内部状态包括工艺参数、设备状态、产品状态、工作模式等。控制问题的复杂性不仅在于相关要素未必都是能够被直接测量或间接观测的，而且内部状态未必是受控的。

系统相关要素之间存在复杂的关联关系。按照控制理论的观点，外部输入通过一定的途径影响（未必是决定性的）系统的内部状态；系统的内部状态互相关联，形成复杂的结构，并按一定的规律变化；系统的输出则取决于系统的内部状态。工业大数据分析所追求的“因果关系”，就要体现系统（子系统）的这种逻辑关联。数据分析工作往往就是确认系统的结构、内部状态及其运行规律，期望用调整输入的办法控制系统的内部状态和输出。

3.1.2 工业系统的功能描述

建立工业系统的目的是让它具有特定功能，以满足人类的需要。理解系统的功能，是认识工业系统的切入点。

系统功能可以用输入/输出关系描述，所有的输出都可以看做一种“功能”。这里要强调的是，一个工业系统可以用多个功能来描述。例如，高炉不仅生产铁液，还可以生产煤气、高炉渣，也可以用来消纳橡胶轮胎等城市垃圾。工业系统提供有用功能的同时，往往也会有些负面的作用。例如，汽车在提供交通功能的同时会产生污染、噪声、安全问题。于是，系统的某些功能就是抑制、弱化、预防这些负面作用的。在完整认识功能的基础上，特别需要注意的是，这些功能之间往往是相互关联、相互影响的。理解工业对象时，需搞清楚各个功能之间的关系。当技术手段对其他功能产生负面影响时，就会影响技术的实用性。应用数据分析的结果时，要事先想到并避免这些问题的出现。

3.1.3 从系统功能到技术原理的理解

对象理解中经常出现的问题，是对系统的某些重要功能的忽视。功能被忽视是因为它们只在特殊情况下才会发挥作用。但是，这些偶尔发挥作用的功能可能非常重要。例如，提高安全性的防范功能、提高稳定性的抗干扰功能等。

系统设计出来的功能都是有用的，会在某些场景下发挥作用。换句话说，功能是与场景相关的。例如，汽车上的空调与高温和低温的场景有关；刮水器与下雨天的场景有关；远光灯与夜间开车的场景有关等。通过分析系统可能面对的场景，就可以发现一些可能被忽视的功能；通过完整地认识场景，就能够完整地认识功能。

场景变化可以分成外部场景的变化和内部场景的变化。外部场景的变化指的是系统的环境和输入发生的变化，内部场景的变化包括设备磨损、性能劣化等连续变化，也包括操作异常和故障等突发的变化。

3.1.4 系统功能与业务场景的关联

通过“功能”这个切入点，可以进一步深入了解功能实现的原理。工业系统的每个功能都有相对应的操作逻辑或流程，即技术原理。若要深入了解系统，可以通过流程来认识技术原理。

需要特别注意的是场景的变化可能引发流程的变化。例如，在钢铁生产过程中，若钢种及其规格变了，工艺流程可能就会变。另外，对于系统内部连续或突发的变化，工业界往往有一套预防、检测、应对、弱化影响的机制；要深刻理解工业系统，必须重视相关的技术原理。

3.2 理解数据分析的需求

3.2.1 工业过程中的数据分析需求

数据分析是业务优化活动中的一环，数据分析的目标是由业务目标所决定的。DMAIC-DM 模型是企业管理中常用的一套用于改进的操作方法，包括界定（Define）、测量（Measure）、分析（Analyze）、改进（Improve）、控制（Control）5 个步骤。本节借助 DMAIC-DM 模型，解释数据分析的前序和后续工作，从而明确数据分析工作的前置条件和发挥作用的基础。

（1）界定：准确定位用户所关心的、需要解决的业务问题。主要从业务方面了解客户、需求、存在的问题、解决问题的意义等。在这个过程中，最好能明确问题发生的场景、类型，希望得到的输入/输出关系等。

（2）测量：把业务需求转化成数据问题。或者说，用数据来描述业务需求，对问题有更加深刻的认识。

（3）分析：运用统计技术方法找出存在问题的原因。

（4）改进：在数据分析的基础上，找到解决问题的方法。改进可以看成一个优化数学问题，即确定怎么做是最好的。

（5）控制：具体的实施措施。具体实施时必须在流程中完成，且会涉及各种软/硬件条件和管理制度。

在这 5 个步骤中，前面两个步骤在进行数据分析之前完成，旨在明确数据分析的目标和要求；而后面两个步骤要在数据分析之后完成，以便创造价值。为了避免无效的分析工作，应该在分析之前就确认改进和控制的路径是否存在，这是提高数据分析工作效率的有效方法。

3.2.2　数据分析的价值需求

数据分析的目的是创造价值，在业务理解阶段要确认两个方面的问题：价值是真的存在还是想当然的；价值是否足够大、投入产出是否核算过。只有满足这两个条件的业务才能作为数据分析的目标。

价值一定是在某个业务流程中实现的，如果业务流程在现实中无法存在或者受到各种制约，进而阻碍价值实现，导致分析业务功亏一篑。设想中的、解决问题的业务流程可以被其他方法所取代，也会导致分析方法失败。价值的大小可以由专业人士来评估。评估过程要特别关注分析的结果不理想时，价值是否会大大缩水。

3.2.3　具体业务场景的数据分析需求

工业对象和过程往往都是复杂的系统。这意味着，在不同的场景下各种问题之间的关系将会发生改变。数据分析之所以有应用价值，往往就是因为场景的变化使得经验不再适用，需要用数据来说话。因此，数据分析须坚持的一个原则是分析和应用都要结合具体的流程。如前文所述，分析结果的应用一定存在于某个流程中。

如果现在还没有这样的流程，就要考虑如何建立这样的流程，并对其合理性进行论证，才能保证最后的分析结果是可以落地的。

3.2.4 数据分析需求的梳理方法

对工业对象和业务需求的理解建议用 5W1H（Why，What，Where，When，Who，How）方法，对问题进行深入的理解。在此基础上，围绕业务目标进行分析，把与业务目标相关的因素找出来并进行分类。依此类推，再把相关要素找出来并进行分类。对此，思维导图和鱼刺图（也称为因果图）是非常合适的工具。但是，这些工具难以描述相关要素的逻辑、时序关系。因此，对于重点问题，还可用 E-R 图（也称为实体-联系图）、流程图、Petri 网等方法，对各个要素、活动之间的关系进行更加深入的描述。

3.3 工业数据分析目标的评估

3.3.1 工业知识的理解

按照 DIKW（Data、Information、Knowledge、Wisdom）体系的观点，知识是信息的关联。知识的作用就是让我们能够从一部分信息推断出另一部分信息。换句话说，数据分析可以理解为寻找一种映射 F，将信息 X 映射到信息 Y：

$$F(X) \to Y$$

诊断型分析、预测型分析、处方型分析本质上都是要获得这样的知识。在业务理解阶段，我们一般并不知道 F 的构成，但是可以事先分析，如果某项知识相关的 X、Y 之间关系是确定的，可否实现预定的业务优化目标。

工业知识往往是复杂且多变量的。例如，在流程行业中，生产过程的工艺参数、原料、设备状态、生产环境波动对产品的质量、产量和成本有着巨大的影响。而产品质量并不仅仅是由生产过程决定的，还与用户的用途和使用场景相关。这种深度耦合关系往往在数学上表现为多变量、非线性。当变量数目过多而感知能力有限时，多变量和非线性又会导致不确定性。

3.3.2 工业知识的合用性

知识 $F(X) \to Y$ 是否合用，与业务目标有关。例如，诊断式分析要判断问题产生的原因，所用的信息可以是问题产生之后的表象，也就是说 X 可以出现在 Y 之后。对于预测式分析，X 一定要出现在 Y 之前，这样的信息才能被用来预测。对于这两种分析，X 和 Y 之间不一定具备因果关系。而对于处置式分析，则 X 需要与 Y 有因果关系。下面举例说明需要关注的问题。

1）方法的合理性

如果把工业对象和过程看成多输入、多输出、多目标的复杂系统，那么不同的参数就侧重不同的业务目标。若想用 X 控制 Y，则需要考虑这种控制方式是否允许，是否会对其他目标产生不利影响。当我们准备分析一类问题的时候，需要事先去确认一下是否还有其他更简单、更高效的解决办法。

2）业务流程和基础手段的约束

工业生产的本质是在具体业务过程中围绕产品或服务凝聚人类劳动的过程，价值是在业务中创造出来的。因此，要把分析结果用恰当的形式纳入合适的业务流程中。业务过程可以是人工的工作流程，也可以是计算机自动管理和控制的流程。如果是人工的工作流程，就要把具体岗位和应用场景定义清楚；如果是计算机自动管理和控制的流程，就要把具体的计算机和应用边界定义清楚。

3.3.3 专业领域知识的融合

工业工程中的产品和人（人员）、机（机器）、料（物料）、法（方法）、环（环境）的变化，会引发其他要素乃至流程的变化。“复杂多因素”的业务流程产生了大量的组合数据。对于业务问题，人们常常采取一些“知识重用”的方法，以避免“知识爆炸”。最典型的是对不同的产品采用相同的流程或者参数。这种方式的“知识重用”可以避免不必要的风险和成本，但同时也会带来一些问题，而这些问题往往也是优化的空间。因此，“知识重用”是工业大数据分析的重要原则。

专业领域的知识和数据模型的融合方式有两种：一是利用专业领域知识识别影响业务问题的关键因子，并加工有效特征，把它作为工业建模的输入变量融入工业分析模型中；二是利用产品工作机理建立高效的诊断、检测、预测模型，利用数据模型优化机理模型，从而控制参数，实现机理模型和数据模型的融合。

3.4 产品全生命周期

产品全生命周期可以分成生命初期（BOL）、生命中期（MOL）和生命后期（EOL）3个阶段。生命初期以设计制造为主，生命中期以使用维修为主，生命后期则以回收及再利用为主。研发设计阶段聚焦产品创新、生产制造阶段的核心是制造资源的协同。使用维修阶段也称为运维阶段，主要关注装备的健康与高效使用，这一阶段往往是高端装备全生命周期中时间最长，与装备业主（运营商）、制造商、第三方维修商等关系最为密切的。互联网与大数据技术加速了制造数字化、网络化与智能化进程，以产品全生命周期为主线的专业化、服务化、分散化、绿色化趋势明显，迫切需要支持跨生命周期阶段、跨主体、跨专业的制造管理的新型使能技术。

工业大数据分析在产品运维服务领域具有最广阔的应用前景，但也面临最艰难的挑战。其应用面临的主要挑战是跨生命周期数据的管理和分析，主要存在以下4个难题：

（1）产品制造尤其是高端装备制造由于产品自身复杂性决定了其全生命周期制造过程的复杂性，涉及跨企业协同的大规模多层次业务过程集成与优化难题。

（2）产品全生命周期中产生和消费了海量数据，包括三维模型、仿真分析、制造工艺等非结构性工程数据，生产装备、加工质量、装备工况等机器时序数据，以及资源规划、供应链管理、客户管理等关系数据，跨阶段、长周期多源异构数据双向关联与追溯成为不可回避的技术挑战。

（3）在互联网与大数据环境下，开源与分享经济模式使跨界数据集成与利用水平成为企业竞争的核心竞争能力，装备制造业外部及跨界信息资源的发现与融合成为新的技术制高点。

（4）在互联网与大数据环境下，产业链中积累了产品全生命周期的海量数据，其质量直接关系到装备制造工程管理与决策质量。因此，创新产品全生命周期数据质量的高效控制方法成为重要挑战。

第 4 章

数据理解

在 CRISP-DM 模型中，业务理解和数据理解的箭头是双向的，这表明业务理解和数据理解要在不断反复的过程中深化。业务理解是数据理解的基础和起点，用于全面理解工业对象和业务需求；数据理解是从数据的角度认识对象和业务，是认识的深化，即判断是否有数据解。

4.1 数据来源

工业大数据即工业数据的总和，我们把它分成三类：企业信息化数据、工业物联网数据和企业外部跨界数据。

4.1.1 业务与数据的关系

业务流程伴随着数据，流程是数据的消费者也是数据的生产者。数据跟着业务流程走，流程和数据是对偶关系。

在理想情况下，数据可以在赛博空间（CyberSpace）刻画出工业系统及其运行轨迹的完整映像。但是，在现实条件下，数据在种类、精度、频度、数量、对应的准确性等方面往往存在很多不理想的地方。这时，数据只能部分地刻画工业对象，也只能记录工业对象运行的部分痕迹。

实际工作中，不能单纯通过数据理解工业对象及相关业务，而要结合一定的专业领域知识，才能理解数据的含义。业务理解是数据理解的基础，是数据理解的起点；反过来，离开数据，人们对对象的理解将会是粗糙的、模糊的，不利于对系统和业务进行精准控制和优化。因此，数据理解支撑对业务理解的深化。

4.1.2 离散型行业的数据源

离散型行业主要是通过对原材料物理形状的改变、组装，使之成为产品并增值。离散制造的产品往往由多个零件经过一系列并不连续的工序的加工后最终装配而成。加工此类产品的企业可以称为离散型制造企业。例如，火箭、飞机、武器装备、船舶、电子设备、机床、汽车等制造业企业，都属于离散型制造企业。高端装备是指技术含量高、资金投入大、涉及学科多、服役周期长，一般需要组织跨部门、跨行业、跨地区的制造力量才能完成的一类技术装备。

在互联网与大数据环境下，分散化制造对网络化协同制造需求日益剧增，企业的生产要素和生产过程必将进行战略性重组，从而引发企业内和跨企业业务过程的集成、重构、优化与革新。当前，围绕制造跨生命周期业务过程集成与优化方面的研究，主要集中在异质业务过程匹配与共享、跨企业业务过程整合与改进、企业间业务过程的外包机制等方面。未来，还需要针对互联网大数据环境下的智能制造跨生命周期异质业务过程柔性集成、基于海量运行日志的高端装备制造、跨生命周期业务流程智能优化等方面进行深入研究。

4.1.3 流程型行业的数据源

流程型行业的生产规模往往较大，信息系统的完备性较好，自动化水平相对较高，具有较好的数据条件。流程型行业的计算机系统是分层次的，最常见的是把信息和控制分成基础自动化（BA）、制造执行系统（MES）、企业资源计划（ERP）三层。等级越低对实时性要求越高，数据采集的频度越高，但数据保存的期限非常短；级别越高，则数据覆盖范围越大，数据保存时间相对较长，但很少采集高频数据。过去，各级计算机主要是服务于生产、管理的具体业务，而计算机的存储能力是有限的。故而这些系统存储的时间周期大体上略长于相关的业务周期，历史数据不是长期存储的；很多企业专门配置了数据仓库（DW）或者商业智能（BI）系统来存储历史数据。

在流程型行业，前后工序之间、人机料法环之间有着密切的关联。例如，许多质量问题在下工序发现，而问题的源头是上工序。有些问题看似与机器、工艺相关，其实是因特定产品质量要求高导致的，而不是生产中出现异常。弄清这些问题，就要搞清问题发生的因果关系；要搞清因果关系，就要把信息之间的关联关系完整地建立起来，才能为深入的分析奠定基础。

例如，要提高产品质量，就要尽快找到导致质量问题的原因；要找到原因，就要用数据支撑生产过程的可追溯性。所谓可追溯性，就是当特定产品出现问题时，能把产品在各个生产工序相对应的人、机、料、法、环等情况找出来，即生产过程相关的数据要与发生质量问题的特定产品关联起来。特别地，如果质量问题的发生是小概率事件时，也要非常严格地对待，否则，容易造成根本原因定位错误。因此，数据之间的关联关系与数据本身同样重要。

再如，设备出现故障时，可能涉及流水线上的很多设备，为了把问题分析清楚，需要寻找故障的源头。因果关系是由时序性要求的，故障的源头是最先出现问题的地方。

分析数据时，数据之间的联系非常重要。例如，分析产品的质量问题时，数据要保证可追溯。这时，需要将该产品在各个生产环节的操作方式、物料、机器状态、控制参数等数据与产品质量相关数据对应起来。但数据对齐存在着巨大挑战，有待进一步探索解决方案。

4.2 数据的分类及相互关系

如果不能对数据情况事先进行深入了解，很可能会导致问题选择的错误、方法选择的错误、应用方式的错误。为此，在进行数据分析工作之前，要像认识物理对象一样，对数据的现实情况进行深入的理解。

4.2.1 工业数据的分类

从信息的角度还可以分成结构化数据和非结构化数据。如前所述，系统一般可以描述为输入、输出和内部状态 3 种要素之间的关系。当我们希望用数据来描述一个系统时，需要对数据的特征进行更加深入的描述。

1）可检测性

如前所述，很多参数、状态是存在的，但是没有相应的检测数据。可检测的数据是有意义的，不可检测的数据同样也有意义，可以帮助我们更好地理解对象及业务，并为未来的优化奠定基础。许多数据分析工作本质上就是推断一些无检测的变量。另外，可检测的数据也有很多属性，有连续完整可检测的，也有偶尔抽检的；有实时检测的，也有延后若干时间或工序检测的；有生产线上必须检测的，也有实验室抽样检测的。

2）可控性

系统的输入有控制型输入和干扰型输入之分。控制型输入可以用来优化系统的运行，而干扰型输入往往会对系统的运行产生不利的影响，需要加以抑制。另外，系统的状态有可以直接控制的或间接控制的，也有难以控制的。了解这些特性，有利于找到数据分析业务的聚焦点。

3）数值型变量和上下文变量

我们做数据分析时，常常要寻求数值型变量之间的关系，逻辑型变量的重要性往往被忽视。事实上，维修、设备、班组等逻辑型变量发生变化时，系统对应的场景可能不同，实际上可能成为不同的系统；而某些连续变量实际上也成为另一个变量。对于复杂的工业系统，我们一般难以一下子就得到很完美的分析结果，而要分场景进行分析，然后再把不同场景下的结论综合起来，得到更完整的结论。

4）时间变化量和常数（快变量和慢变量）

有必要从数据变化的速度上区分变量，常数一般不是绝对不变的，而会在某些场景下发生变化。因此，这些常量也可以用来区分场景。

5）设定目标值和实际值

许多工业系统都是受控的，对于同一个变量，往往会有目标值和实际值两组数据。两组数据的偏差情况可以大体反映系统运行的稳定性。

4.2.2 数据的关联性

进行工业大数据分析时，确认相关或者因果关系是非常重要的。因此，需要弄清楚数据的关联性。数据的关联性本质上要反映客观物理世界的关系。导致数据关联的原因大体如下：

（1）静态对象属性之间的关联。一个对象可以有很多属性，这些属性之间存在关联。

（2）特定属性变化的关联。若一个属性在不同的时间和场景下发生变化，则这些变化之间存在关联。

（3）众多的对象组成一个系统或者一类对象，这些对象之间存在关联。

（4）特定流程之间的关联。一个业务场景涉及复杂的流程或者多个工业过程，与这些工业过程相关的对象及其属性都是相关的。

（5）因果关系链导致的关联。一个业务问题可能是由很多原因导致的，这些原因都会和结果产生关联，可以导致很多直接或者间接的结果，这些结果之间往往存在关联。

4.3 数据质量

4.3.1 数据质量的定义

数据质量的本质是满足特定分析任务需求的程度。从这种意义上说，需求和目标不同，对数据质量的要求也不同。为了避免数据分析工作功亏一篑，在进行分析之前，应根据需求对数据质量进行评估。业务需求分析要“以终为始”，要从“部署”和应用开始。如果从部署和应用开始，就要考虑数据的实时性、稳定性，还要考虑是否会出现“假数据”。如果确实存在这种情况，应该如何预防、如何识别甚至如何修改，等等。当然，这些做法都与具体的应用场景有关。

企业收集数据的目的一般是用于满足特定的管控要求。数据的收集都是有成本的；对在业务管控流程之外的数据往往会疏于维护，很容易出现这样或那样的问题。但在数据分析过程中，这样的数据很可能是有价值的，但数据质量未必能满足分析的需求。

4.3.2 数据质量的组成要素

具体地说，数据质量包括以下 6 个方面的内容。

（1）完整性：用来衡量数据是否由于各种原因而采集失败，有丢失现象。

（2）规范性：用于衡量数据在不同场景下的格式和名称是否一致。

（3）一致性：用于度量数据产生的过程是否有含义上的冲突。

（4）准确性：用来衡量数据的精度和正确性。

（5）唯一性：用于度量哪些数据或者属性是否是重复的。

（6）关联性：用于度量数据之间的关联关系是否是完整、正确的。

此外，对于工业大数据分析，数据分布的覆盖范围也是很重要的。如果数据的分布相对集中、数据项之间的关联度过高，那么有些要素的作用就无法被凸显出来。

4.3.3 数据质量的影响因素

数据的稳定可靠性是工业界追求的目标。在信息和通信技术手段落后的时代，往往更多依靠物理手段来保证数据的稳定可靠性。如果对象或过程相对稳定、测量的技术难度大或成本高，就不一定有数据来标志相关的状态。即便是有数据记录的项目或者活动，也往往是为了解决特定时间段的管理和控制需要，记录保存下来的历史数据未必很多。有些管控活动是针对局部的设备或者操作的。因此，即便相关数据保存下来，数据之间的关联关系也经常丢失，使得数据质量大大降低。另外，在数据采集的过程中往往忽视了采集的环境因素，如测量的手段、测量设备自身精度等，这些都会影响数据质量。

生产过程或设备的重要性越大，数据质量往往相对越好。但是，受到物理条件和技术手段的约束，能够通过数据观察和记录的信息仍然会受到限制。以钢厂为例进行说明。现代化高炉上被布置了成百上千的传感器，但是这些传感器收集的往往只是高炉外部的相关信息，高炉内部的真实情况难以观察到。另外，受到成本、技术等因素的约束，转炉的成分和温度难以连续测量，而且每次的测量误差都相对较大、稳定性差。再如，连铸坯表面温度对质量影响很大，但受环境干扰的影响，根本无法准确测量，也就无法用于生产的管控。总之，数据往往是间接地反应我们想要知道的问题。

对于可以测量的数据，数据质量也常常出问题。一个是工业生产过程出现的数据质量问题。工业生产过程常常运行于某些工作点附近，这时人们总希望生产过程越稳定越好，故而会采用各种控制手段来减少参数的波动。这样，在控制回路中，参数仅仅在一个很小的范围内波动。然而，参数测量的精度往往成为制约控制精度的瓶颈。发生这种情况时，数据承载的有效信息和测量误差往往在一个量级上，这意味着数据的信噪比非常低。这种现象会对数据分析造成很大的干扰，典型问题之一就是会导致统计上所说的“有偏估计”。

另一个造成数据质量问题的是人为因素。一方面，人作为数据的生产者，由于主观或者客观的因素，会导致其操作过程产生的数据存在质量问题。例如，需要工人进行某些自动化工艺的确认，可能由于疲劳等因素产生错误判断，这些判断属于数据的一部分，降低了数据的“准确性”，会对后续的分析产生影响。另一方面，人作为数据的消费者或中转者，在分析数据的同时可能会对数据进行转化等操作。而在这个过程中，由于操作失误造成转化后数据出现问题，可能会降低数据的“规范性”和“一致性”。

第 5 章

数据准备

5.1 业务系统的数据准备

业务系统数据准备就是实现跨企业、跨部门或跨领域不同业务系统之间的数据整合和共享，关键是要实现机构、人员、装备物资、项目等基础信息的标准化和互联互通，业界通常称之为数据集成。其重点要突破微创式异构多源数据集成、基础数据资源标准化和业务主数据管理等技术，重点解决不同系统基础数据重复采集、数据分散于多个既有在线系统，难以以低代价实现跨系统数据集成管理和集约服务等难题，打破“信息孤岛”，拆除“数据烟囱”，实现多源基础数据资源按需互通和共享。

如何打破“信息孤岛”，拆除“数据烟囱”，实现基础数据资源的互通和共享？关键的一步是数据统筹，即以“数据共享、互联互通、业务协同”为原则，打破部门之间的行政壁垒，推动信息化建设由传统型的碎片式、项目式的发展方式，向集约化、效能型的发展方式转变。

数据统筹包括“聚、通、用”3 个环节。首先，要把分散在各个部门的数据统一汇集到一个平台上，奠定数据应用的基础，当然可以是在元数据层上。其次，在汇集之后，建立数据共享开放标准和机制，解决数据共享开放的体制和技术难题。最后，在“聚”和“通”之后，主动开展更多应用，使相互融通、相互支持的数据形成聚合效应，推动各部门基础数据的共享和互通，保证基础数据的“一数一源”。可从以下两个方面着手。

（1）要进行数据资源梳理。要梳理清楚有多少个业务领域、每个业务领域有多少个业务系统、每个业务系统有多少个表格和多少个视图、每个表格或视图有多少个字段、每个字段的数据是如何产生的。要重点梳理清楚每项基础数据最权威和最初始的数据来源，搞清楚哪些基础数据字段是可以从其他系统直接引用和共享的。通过描述数据“是谁的”“是什么”“在何时”以及“在何地”等元数据信息，构建基于网络环境的信息资源目录，将用户的所有数据注册到信息资源目录中，使用户能发现并使用这些共享的数据。

（2）要建立数据资源标准化和共享交换体系。要研究共性基础数据、标准数据等核心数据资源的共享交换体系，实现对共性基础数据的全生命周期管理。建立基础数据交换标准，通过提供机构代码、物资编码、人员代码、数据字典、隶属关系等业务系统关键基础信息的发布、变更、映射服务，保证共性基础数据的一致性，还要经常地进行标准化校验。

5.2 工业企业的数据准备

工业企业的数据准备就是针对要解决的问题开展数据治理，实现数据资源的互通和共享。数据治理可能会在企业内部遭到一些阻力，如有的人会害怕失去访问数据的权限，有的人也不愿意和竞争者共享数据。数据治理政策需要解决上述问题，让各方面的人都可接受。习惯了“数据烟囱”环境的公司，在适应新的数据治理策略上面会有困难。但是，如今对大型数据集的依赖以及随之而来的诸多安全问题，使创建和实施覆盖全公司的数据管控策略成为一种必然。

数据日益成为企业基础设施的一部分，是企业在一步步处理各种特定情况的过程中形成决策的依据。它以一次性的方式给出，常常是对某一特定问题的回应。因此，企业处理数据的方法会因为不同部门而改变，甚至会因为部门内部的不同情况而改变。即使每个部门已经有一套合理的数据处理方案，但这些方案可能彼此冲突，企业将不得不想办法协调。弄清数据存储的要求和需求是一件难事，如果做得不好，就无法发挥数据在营销和客户维系方面的潜力。而如果发生数据泄露，还要承担法律责任。

另外，在大企业内部，部门之间会展开对数据资源的争夺，各部门只关注自身的业务情况，缺乏全局观念，很难在没有调解的情况下达成妥协。

因此，公司需要一个类似数据治理委员会的机构，它的职责是执行现有数据策略、挖掘未被满足的需求以及潜在安全问题等，创建数据治理策略，使数据的采集、管护、储存、访问以及使用策略均实现标准化，同时还会考虑各个部门和岗位的不同需求。平衡不同部门之间存在冲突的需求，在安全性与访问需求之间进行协调，确保实施最高效、最安全的数据管理策略。

工业大数据分析需要产品全生命周期数据支撑。以装备维修业务为例，装备维修业务需要充分的装备设计制造知识、运行状态和运维业务数据等装备全生命周期数据支持。这些数据越充分，所做出的维修业务决策越准确。在信息化时代，装备的复杂程度和智能化都达到前所未有的高度，装备维修变得越来越复杂，越来越需要装备全生命周期数据的支持。

工业企业数据准备的核心是实现产品跨生命周期的数据有效集成与溯源。制造跨生命周期数据集成与溯源，将贯穿于产品开发、设计、制造、使用和回收等各个阶段的多源、多种类、多模态的数据源，通过数据分析挖掘，建立有效的模型进行组织集成，实现数据集成与追溯管理。

对于飞机、船舶等具有复杂结构的工业产品，基于物料树（BOM）进行产品全生命周期数据集成是被工业信息化实践所证明的行之有效的方法。离散型制造企业的产品结构可以用 BOM 的概念进行描述，最终产品一定是由固定个数的零件或部件组成的，这些关系非常明确和固定。其中，最关键的是通过中性 BOM 实现产品生命初期和生命中期数据的集成（参见国家标准 GB/T 32236—2015《以 BOM 结构为核心的产品生命中期数据集成管理框架》）。对于化工、原材料等流程型工业产品，则一般基于业务过程进行数据集成。

对于多源异构多模态的企业数据，需要针对高端装备跨生命周期的多源异构数据集成，通过语义集成的方法将各类数据有机地关联起来，屏蔽数据之间物理和逻辑层面的差异。在数据追溯方面，需要关注装备全生命周期复杂事件数据起源建模、数据起源、数据描述和数据起源追溯方法；要重点解决跨生命周期的高通量时序数据、非结构化数据、业务过程与 BOM 图数据关联分析技术，以及跨生命周期的多模态语义融合分析技术。

5.3 物联网的数据准备

支持万物互联的物联网（Internet of Things，IoT）是通过射频识别（RFID）、无线传感器、全球定位系统、激光扫描器等信息传感设备，按约定的协议，把任何物品与互联网连接起来，进行信息交换和通信，以实现智能化识别、定位、跟踪、监控和管理的一种网络。物联网创造出的数据将远多于互联网，物联网包含了数以亿计的节点，代表各种对象，从小型的无处不在的传感器设备、手持设备到大型网络服务器和超级计算机集群，数据每时每刻都在大量产生，以时间序列为数据形态。其中，有对决策贡献大的数据，也有帮助较小的数据，还有噪声数据。各种数据性质不同，处理的方式、存储的手段以及在此之上的信息提取方法各不相同。这些数据在不同的系统或场合中被使用、重用或引用，如数据的查询、分析等。对如此海量数据的有效治理是物联网数据得以应用的关键所在。

产品追溯是工业大数据分析和应用的一个典型应用场景。它是指产品从制造、流通、消费到回收的整个生命周期过程，利用标识技术记录和查询产品状态、属性、位置等信息的过程。其目的是全方位记录产品信息数据，促进企业内部信息系统之间、企业之间、企业和用户之间信息的有效共享，提高工业企业网络化、智能化水平。

物联网数据准备应基于统一的标识解析体系，实现数据的互联互通、共享和溯源。标识及标识解析技术是实现产品追溯的核心关键。其中，工业互联网标识类似于互联网域名，赋予每一个产品、零部件、机器设备唯一的“身份证”，实现资源区分和管理；工业互联网标识解析类似于互联网域名解析，可以通过产品标识查询存储产品信息的服务器地址，或者直接查询产品信息以及相关服务。

5.4 建模分析的数据准备

5.4.1 数据预处理概述

工业过程中产生的数据由于传感器故障、人为操作、系统误差、多异构数据源、网络传输乱序等因素极易出现噪声、缺失值、数据不一致的情况，直接用于数据分析会对模型的精度和可靠性产生严重的负面影响。在工业数据建模分析前，需要采用一定的数据预处理技术，对数据进行预处理，以消除数据中的噪声，纠正数据的不一致，识别和删除离群数据，提高模型的鲁棒性（健壮性），防止模型过拟合。在实际数据分析工作中，涉及的数据预处理技术主要有数据的异常值处理、数据的缺失值处理、数据的归约处理等。

5.4.2 数据的异常值处理

异常数据点对象被称为离群点（或孤立点）。异常检测也称为偏差检测和例外挖掘。孤立点是一个明显偏离于其他数据点的对象，它就像由一个完全不同的机制生成的数据点一样。

在不同的环境下，异常值也可以有不同的类型，有点异常值、背景异常值或集体异常值。点异常值是与分布图上的其余部分相距甚远的单个数据点。背景异常值可以是数据中的噪声，例如，在进行语音识别时实现文本分析或背景噪声信号时的标点符号。集体异常值可以是可能指示发现新现象的信号的数据新颖性子集。

异常数据的处理方法主要有基于统计学的方法、基于多元高斯的方法、基于相似度的方法、基于密度的方法、基于聚类技术的方法、基于模型的方法等。异常数据检测示例如图 5-1 所示。

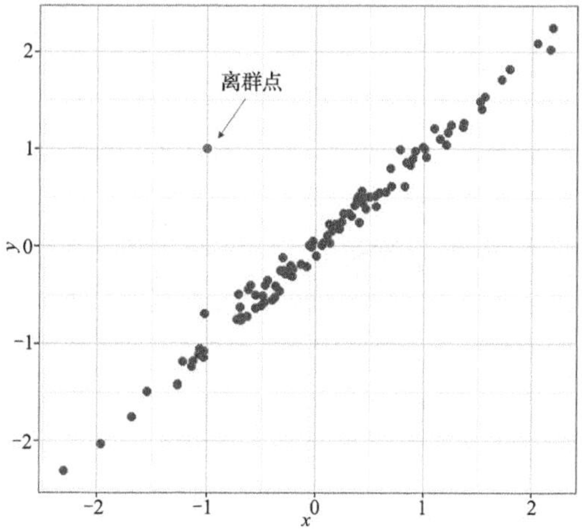

图 5-1　异常数据检测示例

5.4.3　数据的缺失值处理

现实世界的数据都是不完整的，实际的工业大数据更是如此。但是，有部分数据缺失并不意味着数据错误。造成数据缺失的原因是多种多样的，如空值条件的设置、业务数据的脱密、异常数据的删除、网络传输丢失与乱序等，都会造成一定程度的数据缺失。

处理数据缺失的方法很多，可根据数据的基础情况、数据的缺失情况来综合选择。若数据量足够大，缺失数据比例小，则缺失数据可以直接删除；若数据连续缺失，则可以利用平滑方法填补。数据的插值方法主要是利用纵向关系进行插值，如线性插值法、拉格朗日插值法（见图 5-2）、牛顿插值法、三次样条函数插值法等；还可利用横向关系插值，如多元插值法等；也可利用内插值法，如离散时间序列的内插值法（sinc 函数内插值法）等。

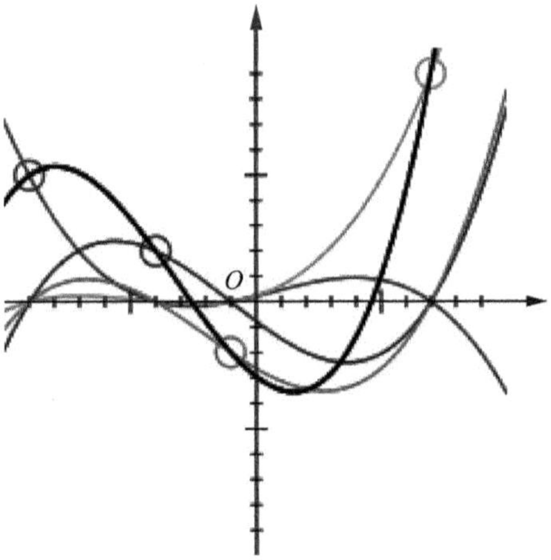

图 5-2　拉格朗日插值法

5.4.4　数据的归约处理

工业数据具有数据量极大、价值密度低的特点，容易导致数据分析过程变得复杂、计算耗时过长。数据归约技术可以在保持原有数据完整性的前提下得到数据的归约表示，使原始数据压缩到一个合适的量级，同时又不损失数据的关键信息。数据归约的主要策略有数据降维、数量归约、数据压缩。

数据降维的基本原理是将样本点从输入空间通过线性或非线性变换映射到一

个低维空间，从而获得一个关于原数据集紧致的低维表示。数据降维的方法有很多，如主成分分析、T-SNE 方法、流形学习降维（见图 5-3）等。

图 5-3　流形学习降维

数量归约是用较小的数据集来替换原有的数据集，方法主要有参数方法和非参数方法。参数方法就是利用模型进行数据估计，非参数方法则是利用聚类、数据立方体等技术进行归约表示。

数据压缩是使用数据变换的方式对原始数据进行压缩，使压缩数据能够实现原始数据的重构而又不损失数据中的有价值信息。主要的压缩方法有无损压缩和有损压缩。

第 6 章

数 据 建 模

数据建模的本质是发现知识。但工业企业所具有的领域知识往往相当丰富，很少会发现全新的知识。在这种背景下，发现知识的本质是对已有知识的辩证否定，对已有知识的清晰化、准确化并提高可靠性。工业界对可靠性的要求特别高，若要提高分析结论的可靠性，就需要把分析结果与领域知识结合起来、相互印证。因此，针对工业领域的数据建模，需要对已有领域知识深入理解。在数据建模的过程中融入领域知识，是高质量建模的关键所在。

6.1 模型的形式化描述

6.1.1 基本描述

具体来说，数据建模的本质就是根据一部分能够直接获得的数据获得另一部分不容易直接获得的数据。不失一般性，数据建模可表述为

$$F(X) \Rightarrow Y$$

其中，X 为可以获得的数据，Y 为希望得到的数据，F 是 X 到 Y 的映射。建模就是选择 X，确定其定义域，并获得映射 F 的过程。

对于工业系统，人们往往有着相对丰富的领域知识。在很多情况下，X 应该包含内容、F 的形式都是已知的。例如，传热过程可以用热传导方程表示。然而，原理清楚了并不意味建模工作就简单，因为模型所需的很多数据和参数往往并不清楚。例如，我们计算传热时，并不知道边界条件。现实中，数据缺失是一种常态。

工业过程数据建模的实际困难往往可以抽象为处置数据的缺失。

6.1.2 模型的深入表述

如前所述，数据建模中最常见的困难是部分数据无法获得。对此，一般的解决方法是从可以获得的数据中找到一些与之相关的数据，再用间接的手段建立模型。这样的思维其实是常见的，例如，古人常常根据鸡鸣来判断时间。

因此，不失一般性，我们把自变量 X 分成两部分：把可以准确得到的部分记为 X_1，把难以准确得到的部分记为 X_2。为了获得 X_2，我们可以考虑如下 3 类相关数据，分别记为 Z_1、Z_2 和 Z_3。

（1）Z_1 是影响 X_2 的因素之一。

我们用下面的公式来描述：

$$X_2 = F(Z_1, \xi)$$

其中，Z_1 是可观测的变量，ξ 是难以观测的干扰。

（2）X_2 是影响 Z_2 的原因之一。

我们用下面的公式来描述：

$$Z_2 = F(X_2, \xi)$$

其中，Z_2 是可观测的变量，ξ 是难以观测的干扰。

（3）X_2 与 Z_3 有共同影响因素。

我们用下面的公式来描述：

$$Z_3 = F_1(\xi),\quad X_2 = F_2(\xi)$$

其中，Z_3是可观测的变量，ξ是难以观测的数据。

3 种可见数据与不可见数据的关系如图 6-1 所示。于是，我们实际上要建立的模型就是

$$Y = G(X_1, Z)$$

其中，Z=（Z_1，Z_2，Z_3）是建模时可供选择的数据；G是实际上能够建立的模型。

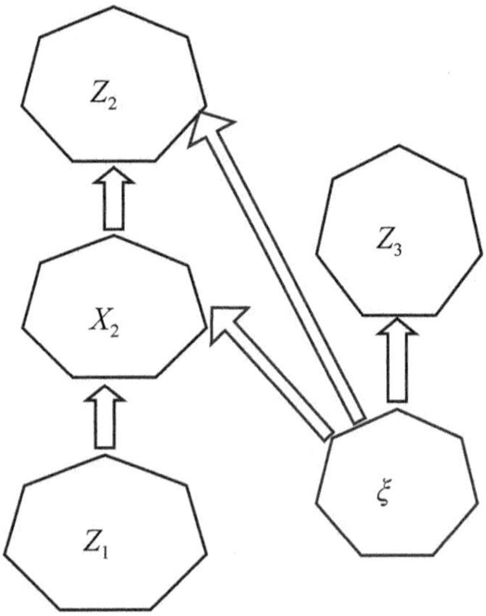

图 6-1　3 种可见数据与不可见数据的关系

对于复杂的工业建模过程，充分利用领域知识是成功的前提。用前面这种逻辑来理解现实的建模过程，有利于我们将数据建模的过程和领域知识融合起来，也有利于我们理解建模过程中的困难。特别需要注意的是，由于很多自变量无法观测，现实模型的精度往往不能逼近于零，而是存在一个难以超越的极限。最终得到的模型与理论上正确的模型也会差别很大。而且，应用场景、数据采集条件变化时，模型的误差可能变得很大。这些变化会对建模过程产生深刻的影响。我们要抛弃过于

理想的想法，才能得到现实中最合适的模型。

6.1.3 对建模思想的影响

科学模型往往能高精度地描述客观物理对象及其运动过程，如果模型的结构和参数都是正确的，那么模型的精度、真实性和可靠性往往就是一致的。在这种背景下，对于结构确定的模型，人们往往能够通过优化误差优化模型参数，从而逼近真实的模型。然而，受到现实条件的约束，需要选择 Z 而不是直接采用 X。这样一来，我们就得不到理想的模型，上述“一致性”就不再成立了。这是从事工业大数据分析的技术人员必须清醒认识的问题。

由于 Z 和 X 之间的关系非常复杂，Z 的选择不同就意味着模型特点的不一样。例如，所选择的 Z 能够更精确地描述 X，但适用范围很小；所选择的 Z 适用范围很大，但精度不高。在有限的可选择条件下，模型的精度和适用范围就可能产生矛盾。因此，未必能够通过提高精度来逼近真实的模型。

在“一致性”消失的前提下，变量 Z 的选择要根据具体的业务需求来定，也就是要根据实际应用对精度、使用范围、可靠性、计算速度、因果性的要求来定。

6.2 工业建模的基本过程

建模过程本质上是个寻优的过程，即找到最合适描述对象的模型。数据建模的关键是选择特征、模型结构和算法。选择特征就是选择模型的输入变量；模型结构本质上是用于框定优化范围的模型集合；算法用于优化目标和实施策略，以便在特定模型集合内找出误差小的模型。

6.2.1 建模的基本思路

如前所述，建模过程需要不断地尝试变量、模型结构和算法。其中，变量和模型结构决定了模型的精度、适用范围和可靠性；算法决定了在特定范围内的优化目标、执行效率和效果。模型结构确定之后，优化算法以确定模型相关参数；模型结构不同，有效的算法也不相同。

对于复杂的工业过程，人所掌握的领域知识往往不足以选择出最优的变量和模型结构，要根据数据建模的实际结果对前面的选择加以调整，重新进行优化。这时，人们会遇到新的困难：如何理解从数据分析的结果得到新的认识？如何根据新的认识调整模型？要将领域知识和数据分析方法有机融合，才可能解决这个问题。

从某种意义上说，决策树是一种能将机理知识和统计算法较好地融合起来的算法，因而在实际问题中应用较广。但决策树主要用于寻找特定问题发生的原因，难以建立连续的数学模型。为此，还要寻找新的方法，以推进融合。

6.2.2 模型融合的方法

为了把领域知识和数据分析过程有机地融合起来，我们提出的思路是基于分解的综合。这个方法把复杂的建模过程分成两步：

（1）建立子模型。针对特定的场景和少数的变量建立简单的子模型。模型的复杂本质上就是场景的复杂，在大数据的背景下，数据有可能具有遍历各种场景的可能性。

（2）子模型的迭代与综合。为了便于模型应用在各种不同的场景，需要把模型综合起来。综合的过程一般是求精的迭代过程，通过发现问题，不断修正和完善子模型，实现实用化的综合。

如前所述，经典统计分析方法的问题在于先验知识不足，并且统计分析结果的适用性基础在于“独立同分布”。既然如此，推荐的方法就是首先在数据分析的过程中确定先验知识，然后用统计分析方法建立子模型。其要点如下：

（1）把判断模型是否符合某些先验条件作为前置性工作。

（2）通过对数据的选择和处理，使它符合先验条件。

经典统计建模最基本的要求是干扰的随机性，即不存在系统性的干扰。因此，落实上述思想的基本方向就是剔除系统性干扰。所谓的系统性干扰是指没有纳入模型输入变量的因素。剔除系统性干扰的方法有两种：一种是把系统性干扰因素固定下来，变成“常数”；另一种是把系统性干扰的作用计算出来，剔除出去。

6.2.3 模型的优化过程

模型的优化过程往往是认识更加深入的过程，是模型精度和可靠性不断提高、适用范围逐渐扩大的过程。这个过程的驱动力是模型在某些场景下出现的“异常”或者“误差”，优化的过程就是找出产生误差的具体原因的过程。导致这种现象的原因大体有两种：

（1）由间接原因引起的。所谓“间接原因”就是背后隐藏的更深层次的原因。例如，检测过程出现差错导致模型错误。越是深层次的原因，越不容易被发现。然而，越是深层次的原因往往更加重要，因为解决了深层次的问题，可以一劳永逸地解决很多问题。丰田汽车公司要求员工“多问几个为什么”，就是要强调寻找深层次的原因。

（2）几个因素共同作用的结果。模型遇到一个特殊的奇点时，应该首先与领域专家讨论，然后再用数据来验证可能出现的情况。

6.3　工业建模的特征工程

6.3.1　数据初步筛选

对建模过程中可能用到的变量进行分类，在这些变量中，除了和分析结果有直接因果关系的，还有间接因果关系的；除了有因果关系的，还有相关关系的；除了相关关系的，还有用于区别场景和状态的。筛选数据时，可以从最基本的因果关系出发，找到理论上所需要的数据。当理论上所需要的数据不存在时，再去找与之相关的数据。

面对大量的相关数据，应该进行初步的筛选，筛选出能表征关键因素的数据，才能有效地进行下一步工作。首先，根据领域人员的建议，挑出若干相对重要的变量。然后，在此基础上，根据拥有统计工具的情况，采用一些简单有效的算法（如回归分析、方差分析），找出相对重要的变量。这样选出的重要变量未必是真正重要的，而落选的变量也不一定是不重要的。初步筛选的目的只是为了找到一个相对较好的起点。

6.3.2　特征变换

所谓特征就是能够表征业务问题关键因素的数据字段。原始字段有时不能够有效地表征因变量的属性，可采用特征提取技术或特征变换技术，基于原始数据字段加工出有效的高阶特征。特征变换是指对原始数据字段通过映射函数或者某一种特点规则来提取新特征的过程。特征变换的方法主要有概念分层、数据标准化、归一化、函数变换等。

概念分层是将连续属性划分成特定区间，用区间的标记值代替区间内的数值。概念分层会减少离散变量的取值数量，减少概念层级过高造成的模型过拟合。概念分层方法主要有非监督的方法和有监督的方法。

数据标准化是为了消除数据分析工程中使用变量量纲不一致的问题，如果量纲不一致，将导致在权重、系数、相似度量时会有不同的评判尺度，导致模型的误差较高。数据标准化使数据无量纲化后，不同量级的数据在横向比较时，能减少数据量级差异带来的误差。数据标准化的方法主要有线性标准化方法和非线性标准化方法。

函数变换是使用某些常见的函数对原始变量进行转换的过程。通过特定的函数变换，改变数据的分布特征。这一方法常用于对数据分布比较敏感的模型当中，常见的函数变换有指数变换、对数变换、Box-Cox（一种广义幂变换方法）变换等。

6.3.3 特征组合

特征组合是基于原始特征和变换特征，选择两种及以上的特征，采用某种组合特征而得到高阶特征的一种方法。组合特征充分考虑了不同特征的关联关系，通过组合特征来表征、提取这种关系，所得到的新特征作为组合特征输入模型中。常用的特征组合方法有基于特定领域知识的方法、二元组合法、独热矢量组合方法、高阶多项式组合方法等。

6.3.4 特征筛选

在精度允许的情况下，模型应该选择尽量少的变量和特征，尽可能地提高模型的可靠性，这就要求根据具体的数据基础和业务场景筛选合适的特征进行建模分析。同时，通过特征筛选有助于排除相关变量、偏见和不必要噪声的限制，以提高模型开发的工作效率和模型的鲁棒性。特征筛选有 3 种基本的方法。

（1）基于嵌入（Embed）的方法：学习算法中本来就包含有特征筛选的过程，如决策树一类的分类器，它们在决定分枝点时就会选择最有效的特征对数据进行划分。但这种方法是在局部空间中进行优选的，效果相对有限。

（2）基于封装（Wrapper）的方法：特征筛选过程与训练过程整合在一起，以模型的预测能力作为衡量特征子集的选择标准。例如，对于分类精度，有时也可加入复杂性惩罚因子。多元线性回归中的前向搜索和后向搜索可以说是封装方法的一种简单实现。不同的学习算法要搭配不同的封装方法，如果是线性分类器，可以采用 LASSO 方法；如果是非线性分类器，如树模型，则可以采用随机森林封装。应用封装法可以选择出高质量的子集，但速度会较慢。

（3）基于过滤（Filter）的方法：特征筛选过程独立于训练过程，以分析特征子集内部特点进行预先筛选，与学习器的选择无关。过滤器的评价函数通常包括相关性、距离、信息增益等。在数据预处理过程中，删除那些取值为常数的特征就是过滤方法的一种。过滤法速度快，但有可能删除有用的特征。

6.3.5 特征的迭代

当模型出现较大误差时，我们往往需要考虑增加一些特征，挖掘更深层的组合因子。这些特征常常来自以下两种情况：

（1）间接数据。很多重要的数据与模型所需要的数据是间接相关的，如时间、温度、季节等。间接相关的数据往往容易被忽略，需要特别引起重视。

（2）逻辑变量。逻辑变量一般是与分类、分组、状态相关的变量，如数据测量的方式等。这些变量的重要性往往很大，应该引起足够的重视。

6.4 工业大数据分析的算法介绍

在工业大数据的分析过程中，用到的算法主要有传统的统计分析类算法、通用的机器学习类算法、针对旋转设备的振动分析类算法、针对时序数据的时间序列类算法、针对非结构化数据的文本挖掘类算法、统计质量控制类算法、排程优化类算法等。

6.4.1 传统的统计分析类算法

传统的统计分析类算法主要包括数据的离散趋势描述方法、集中趋势描述方法、多元统计学方法、方差分析、功效分析、假设检验分析、列联表分析、主成分分析和对应分析等。主成分分析与对应分析示例如图 6-2 所示。

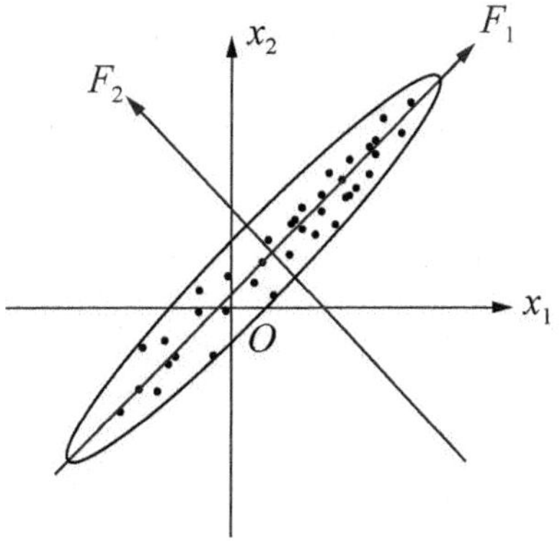

（a）

图 6-2　主成分分析与对应分析

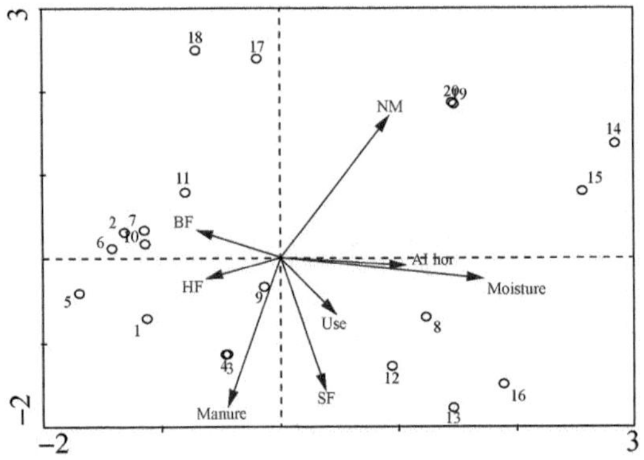

（b）

图 6-2 主成分分析与对应分析（续）

6.4.2 通用的机器学习类算法

通用的机器学习类算法主要有分类算法（包括决策树、随机森林、梯度提升树算法、Bayes 类算法等）、聚类算法（见图 6-3）（包括基于网格聚类算法、基于距离聚类算法、基于密度的聚类算法、谱聚类算法等）、回归算法（包括线性回归算法、广义线性回归算法、弹性网络回归、岭回归、样条函数回归等）、关联规则挖掘算法（包括 Apriori 算法和 FTP 算法等），还包括数据异常处理算法、缺失值处理算法等。

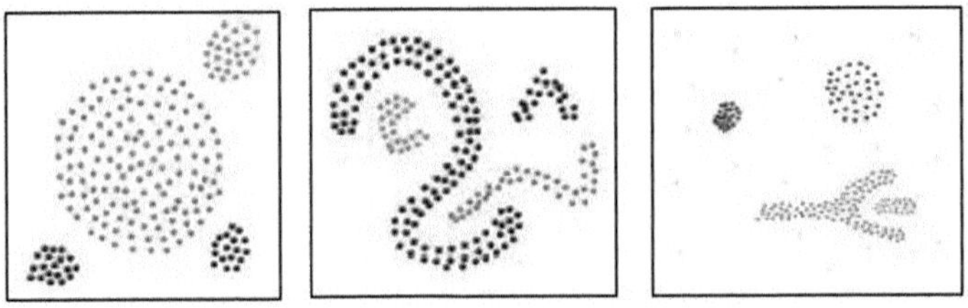

图 6-3 聚类算法示例

6.4.3 针对旋转设备的振动分析类算法

针对旋转设备的振动分析类算法主要分成三类：

（1）振动数据的时域分析算法。该方法主要提取设备振动的时域特征，如峭度、斜度、峰度系数等。

（2）振动数据的频域分析算法。该方法主要从频域的角度提取设备的振动特征，包括高阶谱算法、全息谱算法、倒谱算法、相干谱算法、特征模式分解等。三维全息谱与高阶谱示例如图 6-4 所示。

（3）振动数据的时频分析算法。该方法是综合时域信息和频域信息一种分析手段，对设备的故障模型有较好的提取效果，主要有短时傅里叶变换、小波分析等。

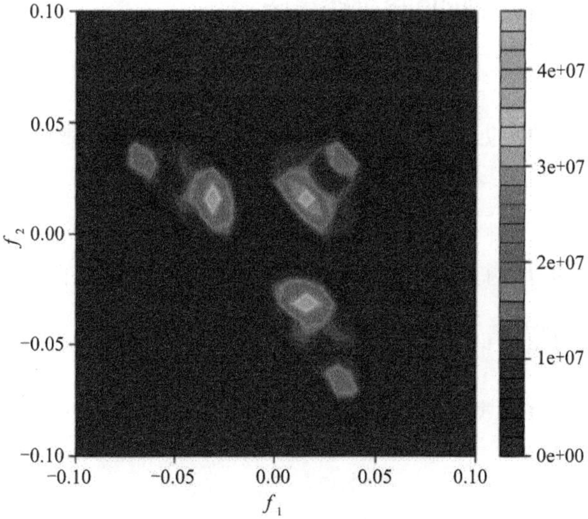

（a）

图 6-4　三维全息谱与高阶谱示例

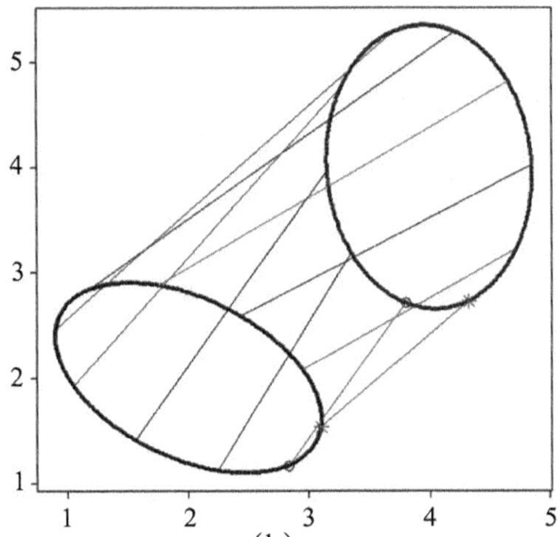

（b）

图 6-4　三维全息谱与高阶谱示例（续）

6.4.4　针对时序数据的时间序列类算法

工业设备产生的数据都是高频时序数据，针对时序数据的时间序列类算法主要有 6 种：

（1）时间序列的预测算法，如 ARIMA（差分整合移动平均自回归求和）、GARCH（广义自回归条件异方差）等。

（2）时间序列的异常变动模式检测算法，包括基于统计的方法、基于滑动窗窗口的方法等。

（3）时间序列的分类算法，包括 SAX 算法、基于相似度的方法等。

（4）时间序列的分解算法，包括时间序列的趋势特征分解、季节特征分解、周期性分解等。

（5）时间序列的频繁模式挖掘，典型时序模式智能匹配算法（精准匹配、保形匹配、仿射匹配等），包括 MEON 算法、基于 Motif 的挖掘方法等。

（6）时间序列的切片算法，包括 AutoPlait 算法、HOD-1D 算法等。时间序列的模式挖掘示例如图 6-5 所示。

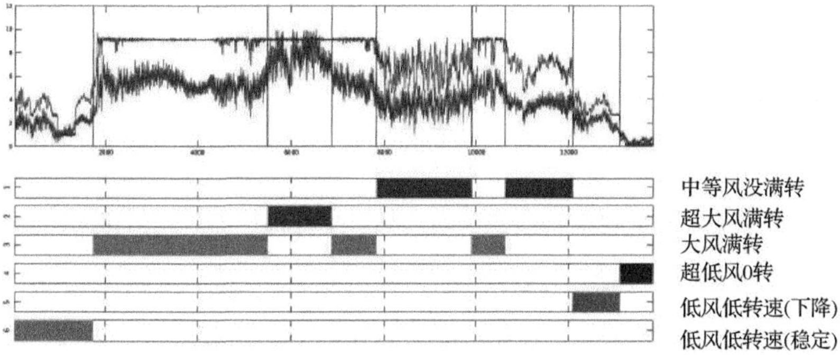

图 6-5　时间序列的模式挖掘示例

6.4.5　针对非结构化数据的文本挖掘类算法

工业生产过程中会积累大量的非结构化数据，如维修工单、工艺流程文件、故障记录等。针对这类非结构化数据的文本挖掘类算法，主要涉及分词算法、关键词提取算法、词向量转换算法、词性标注算法等。文本挖掘类算法示例如图 6-6 所示。

图 6-6　文本挖掘类算法示例

6.4.6　统计质量控制类算法

在工业生产过程中，需要对所生产的产品质量进行检测、控制和优化，统计质量控制类算法主要有基于统计过程控制（SPC）的方法、基于指数加权移动平均值（EWMA）控制图的控制方法、六西格玛的方法等。SPC 控制方法示例如图 6-7 所示。

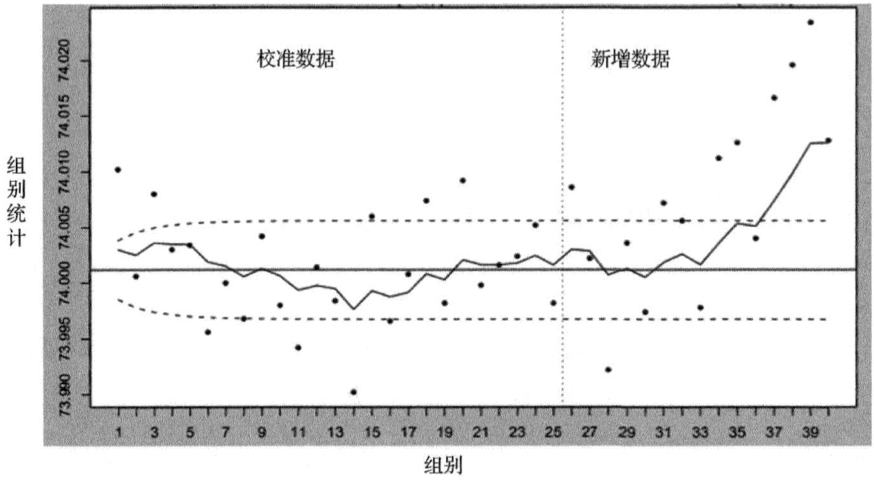

图 6-7　SPC 控制方法示例

6.4.7 排程优化类算法

传统工业的大批量生产过程会导致高库存，生产过程存在人力和物力的浪费，需要通过排程优化、调度优化来灵活安排生产过程，以提高生产效率和资源利用率。排程优化类算法主要有线性规划、整数规划、混合整数规划、动态规划、分支定界、基于图论的网络模型优化等。此外，由于实际应用场景中决策变量和边界条件过多，导致模型求解困难，在求解过程中常常采用一些启发式的算法进行求解。

第 7 章

模型的验证与评估

验证和评估环节用于确认数据分析的结果或模型是否适合特定的应用。由于工业界追求高度的可靠性，对数据分析结果的质量要求很高。验证和评估的本质就是评价知识或者模型的质量。

7.1 知识的质量

在模型验证时常常会遇到这样的情况：建模时精度很高，但应用时精度显著下降；模型对正常情况的精度很高，对异常情况的精度恰恰很低。这两种问题都是分析结构的质量不高引起的，是评估时应该重点关注的问题。为此，要对知识的质量进行深入研究。

7.1.1 知识的确定性与准确性

DIKW 体系（关于数据、信息、知识及智慧的体系）理论认为，知识是信息的关联。由于信息之间存在关联，人们可以从一部分信息推断另一部分信息。但是，这些推断有确定性高低之分。例如，寒潮肯定会带来降温，这就是确定性高的知识；而依据打雷的声音未必能推断出下雨，这就是确定性低的知识。虽然从打雷的声音推断出下雨的确定性是低的，但低多少是不清楚的。要想知道低多少，知识还要具备“准确性”的属性。

7.1.2 知识的适用范围

“真理跨出一步就变成谬误”，知识常常会有失效的时候。知识的作用越大，失效时带来的损失往往就越大。

为了避免知识的失效，需要研究知识的适用范围。一般来说，知识来源于对过去实践的总结。离开产生知识的场景，知识就可能失效。工业大数据的历史数据往往囊括各种场景，故而有条件深入分析知识的适用范围。这就是概率统计理论中的“独立同分布”假设。

7.1.3 知识的质量与可靠性

如前所述，知识有精度、确定性和适用范围的属性，这些属性都可以归结为知识的质量指标，但综合的质量指标最终取决于应用场景对这些质量指标的要求。所谓的可靠知识，就是在适应范围明确的前提下，知识或模型的精度和确定性足够高。

7.2 传统数据分析方法及其存在的问题

传统数据分析方法往往是根据精度进行评估的，但在工业大数据的很多应用场合，单纯看精度是无法保证模型或数据分析结果的有效性，而必须对数据分析的质量进行全面评估。

7.2.1 基于精度的验证方法

传统的模型评估和验证一般用精度来衡量，精度高的分析结果被认为是好的。衡量精度有很多种方式和方法，其步骤往往包括抽样、测量、试验、统计、误差计算等。其中，误差计算方式一般用绝对值的平均值或均方差来衡量，很少用“最大误差”来衡量，这是因为误差特别大的情况往往是数据本身的问题所导致的。

7.2.2 精度验证方法的局限性

在解决实际问题的过程中，经常会发现如下几类问题：

（1）差异很大的模型精度验证结果可能是相近的，但难以确定哪个模型更好。

（2）即便是平均精度很高的模型，也会偶尔出现严重的偏差。

（3）模型的精度会在使用过程中莫名其妙地降低。

这些问题在各种数据建模过程中都很常见，但由于工业界追求确定性、可靠性，这些情况往往是不可接受的。

导致这些现象的本质原因，就是第 6 章提到的“精度、可靠性和真实性、一致性的丧失”。最常见的情况是精度和可靠性可能产生矛盾，因此，不能单凭精度来评估模型是否可用。导致这种矛盾的常见原因如下：

（1）变量存在检验误差时，最佳估计往往不是“无偏估计”，而是“有偏估计”。这意味着精度最高的模型，在物理意义上是“错误”且外延性差的。遇到这种情况，即便是检测精度（针对某类或某种特定范围的数据）得到提升，但是模型精度也可能会反而下降，故而精度的稳定性很差。

（2）为了提高模型的精度，往往选择复杂模型，但模型复杂程度高时泛化性可能降低。

（3）特征和变量只能在有限的数据来源中选取，往往不理想。

（4）顾此失彼的问题也可能导致精度和适用范围的矛盾。

7.2.3 解决验证问题的传统方法

如前所述，数据建模方法主要有两大类：一种是基于先验知识的经典统计分析方法，另一种是不依靠先验知识的纯数据建模方法。

依靠先验知识的经典统计方法，虽然可以用概率的思想和方法来衡量预测结果的可靠性，但是现实的数据是否符合这些假设常常是无法确认的。因此，统计分析方法的应用范围受到了很大的限制。

不依靠先验知识的纯数据建模方法把训练样本和验证样本分开，当模型对验证样本的精度与训练样本精度接近时，就认为模型的精度是可信的。这种验证方法的前提是新增样本与建模和验证样本都是遵循“独立同分布”的，而在现实中这样的条件未必能够满足。

7.3　基于领域知识的模型验证与评估

工业应用要求确定性和可靠性。对工业大数据分析来说，评估模型或知识的可靠性是难点所在，而可靠性评估的重点是模型在什么范围内有效，而不仅仅看平均精度。具体地说，需要分场景检验模型。

数据可以让认识更深刻，但单凭数据看工业过程或者研究模型的适用范围则无异于“管中窥豹”，难以判断有效的范围。这是因为生产数据涉及的参数，往往在事先设定的工作点附近波动。这些参数不能指出为什么要把参数设定在这个范围内。而且，当关键参数的波动范围控制得很小时，其重要性可能完全显现不出来。

事实上，产品设计和工艺参数往往是根据长期积累的知识、经验和数据而得出的，而这些资源往往并不在工业大数据收集的范围之内，但它们对评估模型的价值往往很大。因此，模型评估要利用数据之外的知识和数据。

7.3.1　对适用范围的评估

范围的评估是针对不同场景的综合检验。进行工业大数据分析时涉及很多自变量，它们的变化范围就构成了模型“自然”的范围。例如，某钢厂钢材的碳含量是 0.001%～0.78%、锰含量是 0.1%～3%。若建模的样本在这个范围内，则需要评估的范围就在这两个变量框定的矩形范围内。变量更多时，评估范围形成的图形则是高维度的“超立方体”。

理想的验证方法是把“超立方体”内的密集布点全面验证。但这往往是做不到的。简化的验证方法是对“超立方体”的顶点进行评估。原则上说，这样的做法只适合于相对简单的对象，例如，各个要素的作用是可加的。一般情况下，这种检验存在漏洞，即便是在各个变量的“顶点”上评估合理，也无法保证整个范围内部是合理的。为此，建议补充考虑如下的几种情况：

（1）非线性。现实的工业对象常常是非线性的，在某些内部的空间点上可能形成突变或者非单调的影响。对于这样的一些内部区域，必须单独评估。

（2）逻辑变量。模型常常会涉及很多逻辑变量。逻辑变量发生变化时，会引发模型、综合指标或其他变量含义的变化。理论上，某个逻辑变量不同时，模型就要重新验证。从某种意义上说，就是在不同的场景下验证模型。

（3）时变检验。反映真实客观规律的模型往往不随时间变化。对于这样一些模型，一般要验证模型误差的时变性。如果模型的误差与时间关联度太高，就说明模型遗漏了重要的因素。

（4）次要变量检验。在现实中，影响工业对象的要素非常多，为了便于分析往往不得不忽视一些“次要”的因素。但是，这些“次要”的因素在某些情况下可能变得非常重要。模型完成之后，应该尽可能对地对“次要”变量的影响做一个检验。

针对上述这些不同的问题和场景，原则上都要进行评估和验证，但现实中往往是行不通的。例如，对于包括 N 个变量的非线性模型会有 N 个顶点，当 N 的数量达到 30 个时就会有 10 多亿个顶点；再考虑到其他的场景，现实中根本无法一一罗列。另外，场景多了，每个场景中的样本就少了，甚至根本就没有样本，而没有实际样本也就不能有效检验。因此，现实的检验无法脱离数据分布的实际条件。

对于这样的困难，需要依赖人对领域知识的认识来确定需要具体分析的场景。事实上，数据分析的定位主要就是深化人的认识，拓展其知识范围反而是次要的。

7.3.2 对精度的评估

虽然有效的模型检验不能仅仅依赖于（平均）精度，但是精度检验依然是重要的。即便是针对具体的场景，检验通常最终也会落实到精度上。

由于工业大数据的数据质量不一定高，模型的（平均）精度往往不会很高。特别当检验数据出现较大误差或者出现重要的变化而未被检测时，模型的误差可能会非常大。这样，即便有些模型和子模型本身是准确的，精度也会被误差掩盖。

对于这类问题，我们一般不能计较个别样本的预报精度，而是着眼于某个场景的平均精度，以通过观察误差的平均值来判断模型在这个场景下的预报是不是合理的。这时，希望某个场景下的所有样本是“独立同分布的”，即误差服从某些统计规律。若不是这样，则可能需要找出新的影响因素或者把场景进一步细化。

事实表明，个别预报误差特别大的情况，往往是输入数据有问题，而不是模型本身的问题。可以通过偶尔的多次检验来判断输入数据是否有问题，但是如果一个场景下所有的数据都出现问题且样本数量很多，还存在多个有问题的场景，就可能需要对模型进行修订了。

7.3.3 场景的综合评估

模型应区分场景进行检验。所谓“场景”就是在一定的范围内，模型的原理不会发生改变。一般情况下，模型总是会对某些场景合适、某些场景不合适。这时，需要对验证结果进行综合评估，判断模型存在的问题。

我们假设模型由若干子模型构成。这时，对场景的综合评估就会转化为对“子模型”的判断，这些失效的场景有什么共性，进而分析哪些子模型失效，以及是否需要考虑哪些要素（如增加子模型）。

7.3.4 模型的迭代评估

在 CRISP-DM 模型中连接“数据建模”和“验证与评估”的箭头是单向的，而现实中的工业大数据分析常常是双向的，当验证与评估存在问题的时候，需返回前面的步骤重新建模。

重新建模的依据，就是对场景的综合评估。一般来说，当某些场景下的模型存在显著误差时，就要通过综合分析误差分布特征和领域知识，猜测误差是哪一个子模型引起的。这个过程结束后，提出修正模型的思路，返回到上一步的数据建模。

评估过程也可能是相对满意的。对于相对满意的情况，可能有两种做法：一种是进入下一步的实施与运行，另一种情况则是扩大样本选取的范围并返回数据建模，在更大的范围内建模。

7.4 总结与展望

可以把验证可靠性的过程，理解为在不同场景下确认分析精度的问题。划分“场景”就是把某些关键要素固定下来，以此希望某些规律在这个范围内是不变的。一般来说，用于划分“场景”的要素可能涉及多个。用来划分场景的要素越多，场景就分得越细；反之，则会越粗。如果场景分得粗，有些问题就不容易被发现；但如果分得过细，就需要验证太多种场景。数据分析的本质是提取共性，因此，分析过程希望尽量少的分场景建模。除非不分场景会导致很大的误差，一般来说不会分出太多的场景。但是，一旦需要重新划分场景，前面的分析过程需要重新进行一次。这样一来，就要耗费大量的时间和精力。

要解决这样的问题，需要在验证和建模过程中尽量减少人的参与，让机器自动地进行建模和验证。人的介入越少，分析的时间效率就越高。这应该是数据分析方法的一个发展方向。

第 8 章

模型的部署

在 CRISP-DM 模型中，部署一般是指从模型中找到知识，并以便于用户使用的方式重新组织起来，其成果可以是研究报告，也可以是可重用的数据挖掘程序或者是模型服务程序。工业大数据分析结果还会以管理控制软件的方式应用在企业的业务、管理或者监控流程中。

分析结果要用好，必须有好的通道，故而需要纳入管理和控制的业务流程中。知识一旦纳入实际的流程中，对稳定性、可靠性、真实性的要求就会变高，故而需要考虑实际应用场景带来的不利影响。同时，一个模型只有不断优化，才具有生命力。

8.1 模型部署前应考虑的问题

“知识本身不是力量，会用知识才是力量”。学会部署就是学会应用知识。

8.1.1 模型部署对工作方式的改变

数据分析是用来发现新知识的。但是，在没有发现新知识之前，人们也能把过去的工作进行下去，只是有了新的知识可能做得更好。但好的方法往往也会有不好的方面，例如，为了采用更多知识，应用的过程可能会变得更加麻烦；而为了减少麻烦，人们可能仍然会倾向于用传统的做法进行判断和决策。这样就会阻碍新知识的应用。

8.1.2 模型部署的标准化与流程化

在管理规范的企业，多数业务活动的内容和步骤都有明确的规定，并且往往是被标准化和流程规范化的。知识的价值体现在其应用的过程中，应用的次数越多、频度越高，价值体现越大。为此，新知识的应用应该在标准化的基础上与业务流程相结合，避免独立于标准的工作流程之外。为此，往往需要在重新梳理流程的基础上进行优化或者创新。

业务流程管理（Business Process Management，BPM）是用于管理、分析、控制和改进业务过程的系统化与结构化方法，其目标在于改进产品和服务的质量。因此，梳理流程之前，要设想此项工作的目的是什么，决策依据是什么，是否和已有的规定和做法冲突，在什么场景下做决策，需要什么岗位的人做出，对知识的要求是什么。在此基础上调查研究，确认知识的应用是可行的。一般来说，为了用好新知识，需要对流程进行一定程度的修订，使之成为一个新的流程。确认进行到哪一步的时候需要何种相关知识，以及为了完成这一步骤还需要什么样的知识和信息配套，这些知识和信息如何组合和计算才有利于做出判断。总之，要让知识的应用更加方便，决策更加可靠和有效。

8.1.3 模型部署的自动化与智能化

先进企业的管理和控制流程往往是在计算机系统上实施的。这就意味着：最理想的做法是把相关知识纳入管理或者控制流程，实现自动化或者智能化。这样，即使新知识的应用增加了复杂性，也不会增加人的工作量，从而更加有利于新知识的应用和推广。

8.2 实施和运行中的问题

实施和运行中普遍面临的一个问题是，建立分析模型所用的数据和运行中所用的数据存在差异。导致差异的原因包括数据质量问题、运行环境问题、精度劣化问题和范围变化问题。

8.2.1 数据质量问题

建立模型时，往往会对数据进行筛选，剔除一些错误和不合适的劣质数据。但在实际应用的过程中，尤其是在知识用于实时控制和管理中时，很多劣质数据无法像建模时那样剔除。这样，分析或预测结果自然也就会出现更多异常情况。

8.2.2 运行环境问题

当分析结果用于实时控制或者管理时，会对数据采集的实时性、计算的效率、计算机存储量和计算的稳定性提出要求。

（1）数据采集的实时性通常用计算响应的时间来衡量，监控和告警等实时控制业务要求在毫秒级进行响应，这对算法的集成提出了较大挑战。

（2）计算的效率是算法的效率，对于实时性有要求的业务，通常要求优于线性的算法，使得数据量增加的时候具有可扩展性。

（3）计算机的存储量是可扩展性的要求，在分布式集群部署环境下，通常要求计算机存储量能够水平扩展。

（4）计算的稳定性是指故障容忍能力，在分布式集群部署环境下，通常要求计算框架能够自动对失败的错误进行重试。

8.2.3 精度劣化问题

模型参数常常与建模所用样本的分布有关。因此，人们常常假设建模和应用模型时遇到的数据是“独立同分布”的，但这个要求在现实中常常是做不到的。故而，即便只是样本比例发生变化，也可能会导致模型误差的变化。当数据模型与机理的结合度不高时（如采用神经元方法），这种现象更会频繁发生。于是，部署时精度很高的模型，会随着时间的推移变得越来越差。因此，迁移学习可以为该问题的解决提供新的手段。

8.2.4 范围变化问题

任何模型都是在一定的范围内才有效的，例如，针对某一类产品建立的模型，对另外一类产品可能就不合适了；同一个生产过程在不同的工况下所使用的模型也可能有所差别。事实上，产品的改变、设备的改变、原料的改变、工艺的改变都可能使模型失效，这就为特定模型的使用带来了前提约束和边界条件。

8.3 问题的解决方法

8.3.1 数据质量问题

对于数据质量问题，必须根据实际情况采取妥善的应对措施。典型的措施一般包括以下两种办法：

（1）改善数据收集。通过管理或技术手段，提高数据的质量、防止数据出错。

（2）限制应用范围。当数据出现质量问题的迹象时，停止模型相关的新功能。

8.3.2 运行环境问题

数据采集的实时性，通常通过分布式消息队列和流处理技术来实现，Flink、Spark、Storm 等流处理框架能够把大量的实时处理任务自动化并行，降低延迟的同时提升吞吐量。

计算的效率通常通过近似算法、并行算法和流式算法来实现，提升效率的代价可能会牺牲最优解。

计算机的存储量的可扩展性通过分布式系统来实现，如分布式文件系统

（HDFS）、对象存储（Swift）等，这些通过分片技术实现存储容量的水平扩展。

计算的稳定性通过集群计算框架来实现，如批处理框架 MapReduce、Spark，以及流处理框架 Flink、Spark-streaming 等。这些计算框架不仅能自动分发任务，还能在任务出错的时候提供重试功能。

8.3.3 精度劣化问题

模型精度劣化的本质原因是一些非本质性的关联发生了改变。因此，解决精度劣化的一个最好办法是采用本质性的关联，让模型与科学原理更好地融合。另一个常见的办法就是定期、不定期地重新修正模型，并尽量争取实现模型自动修正。

8.3.4 范围变化问题

如果模型的准确性和可靠性对应用影响很大，就必须有适当的预防和应对措施，防止越界应用。一种典型的做法是把模型的应用限制在经过检验的特殊范围内，而范围要结合领域知识来确定。

解决范围变化问题的另一种做法是增强模型的鲁棒性和泛化性，或采用信息融合技术，在面对不同的条件输入时，使用模型仍能取得满意的效果，或者至少不至于劣化到无法使用。

8.4 部署后的持续优化

模型运行过程中应该进行持续的优化，否则技术就没有生命力。

没有哪个模型在建立之初就是完美的，一般需要经过长时间的优化和改进，才能更好地满足用户需要。优化包括精度的提高、适用范围的扩大、知识的增加等。

模型的精度在很大程度上取决于数据的质量。特定数据的质量往往取决于基础的维护和管理的水平。但维护和管理都要花费成本，所以对于重要性不大的数据，人们往往疏于维护和管理，从而导致数据的质量很差。如果分析模型确实能够为企业带来效益，数据的重要性和经济价值就会大大增加，从而为提高数据的精度奠定基础，这是推动模型不断优化的动力。

一般来说，企业的产品、工艺、设备、原料等都是在不断变化，甚至不断创新的，这可能导致模型的使用率不断降低。现实中，如果模型的投入率低到一定的程度，模型就会被边缘化，甚至会被放弃。这时候，维护人员一定要设法让模型的适用范围不断扩大，以适应这些变化。

随着数据质量的提高和数量的增加，可能会经常发现新的知识和规则，这时就需要对模型进行完善。因此，模型的架构必须灵活，必须能够适应这些变化。特别地，由于工业应用对可靠性和稳定性的要求很高，模型的变动本身就可能成为不稳定因素。因此，如何减少模型变动所可能产生的不利影响是必须考虑的问题。

第 9 章

展望未来

当前，以大数据、云计算、物联网等为代表的新一轮科技革命席卷全球，工业数字化、网络化和智能化的步伐不断加快，工业大数据逐渐成为传统制造业与新一代信息技术深度融合的落脚点。

中国政府立足于国际产业变革大势，做出全面提升中国制造业发展质量和水平的重大战略部署，强调加快推动新一代技术信息与制造技术融合发展，提出要从工业大国向工业强国转变。政府的政策制定、驱动导向、发展引导、配套支持等，为工业大数据产业发展创造了优良环境。

随着国家政策激励以及工业大数据应用模式的逐步成熟，工业大数据进入快速发展时期，未来中国工业大数据市场将持续快速增长。工业大数据技术产品创新正逐渐从技术驱动转向应用驱动，广阔的市场空间和大量的应用需求为工业大数据发展提供了强大的驱动力。

工业大数据将成为推动制造业创新发展的重要基础，为中国的工业升级和转型注入强大动力。企业在新技术条件下，实现贯穿于产品设计、生产、管理、仓储、物流、服务等全部流程和环节的大数据采集、存储、管理和分析，从大数据中挖掘出其中的隐含价值，达到提升生产效率、提高产品质量、增强管理能力、降低生产成本等目的，提升了企业生产力、竞争力和创新力。

伴随着工业大数据分析技术的逐渐成熟、产业领域的逐渐成形、应用场景的不断延伸、观念意识的不断深化，工业大数据必将迎来高速发展的历史阶段。我们抓住发展机遇，努力推动中国工业大数据的发展，针对企业的个性需求，结合中国工业发展的自身特点，走出中国特色的工业大数据创新路线。